LEARN GREEK

THE GODS
OF
OLYMPUS
FOR BEGINNERS

Written by Maria Karra

Illustrated by Samantha Altarozzi (@sam_artworks)

Published by FRESNEL PRESS
12781 Orange Grove Blvd
West Palm Beach, FL 33411

Copyright © 2023 FRESNEL PRESS

All rights reserved, including the right of reproduction
in whole or in part in any form.

Printed in the United States of America

About the author

Maria Karra is a former aerospace engineer and has over 25 years of experience as a technical translator and interpreter, collaborating with Greek consulates in the United States, European Union institutions, the US Department of Defense, and many aerospace companies. She holds a bachelor's degree in engineering physics with a focus on spacecraft design, a master's degree in electrical engineering, a master's degree in applied linguistics with a focus on second-language acquisition, a master's degree in translation and a diploma in medical interpreting. She has a passion for languages (she speaks nine, seven of which fluently) and has written several language textbooks. Maria was born in Thessaloniki, Greece. She has lived in Brussels, Paris, Boston, Miami, and currently divides her time between West Palm Beach, Florida and Granada, Spain. You can reach her at stithalassa@gmail.com.

About the illustrator

Samantha Altarozzi was born in Rome in 1994 and has nurtured a love for reading and drawing since she was a child. In her adolescence she enrolled in the Artistic High school Caravaggio, from which she graduated in 2014. Then she chose to follow an academic path and enrolled in the Faculty of Letters and Philosophy; she obtained a degree in Cultural Heritage and subsequently a specialization in Archeology and Egyptology. It is thanks to her personal background that over the years she has established her own illustrative style, dedicating herself mainly to mythological and literary subjects. Since 2019 she has been collaborating with several popular websites focused on the mythology field, as well as with small Italian editorial organizations.

Table of Contents

List of abbreviations 1
Note about proper names appearing in the book 2
1. Οι θεοί του Ολύμπου 3
    ΛΕΞΙΛΟΓΙΟ – VOCABULARY 7
    ΓΡΑΜΜΑΤΙΚΗ – GRAMMAR 9
    ΑΣΚΗΣΕΙΣ – EXERCISES 14
    ΛΥΣΕΙΣ ΤΩΝ ΑΣΚΗΣΕΩΝ – ANSWERS TO THE EXERCISES 21
2. Ο Δίας 23
    ΛΕΞΙΛΟΓΙΟ – VOCABULARY 26
    ΓΡΑΜΜΑΤΙΚΗ – GRAMMAR 28
    ΑΣΚΗΣΕΙΣ – EXERCISES 34
    ΛΥΣΕΙΣ ΤΩΝ ΑΣΚΗΣΕΩΝ – ANSWERS TO THE EXERCISES 41
3. Η Ήρα 43
    ΛΕΞΙΛΟΓΙΟ – VOCABULARY 45
    ΓΡΑΜΜΑΤΙΚΗ – GRAMMAR 47
    ΑΣΚΗΣΕΙΣ – EXERCISES 52
    ΛΥΣΕΙΣ ΤΩΝ ΑΣΚΗΣΕΩΝ – ANSWERS TO THE EXERCISES 59
4. Ο Ποσειδώνας 61
    ΛΕΞΙΛΟΓΙΟ – VOCABULARY 64
    ΓΡΑΜΜΑΤΙΚΗ – GRAMMAR 67
    ΑΣΚΗΣΕΙΣ – EXERCISES 74
    ΛΥΣΕΙΣ ΤΩΝ ΑΣΚΗΣΕΩΝ – ANSWERS TO THE EXERCISES 81
5. Η Αθηνά 83
    ΛΕΞΙΛΟΓΙΟ – VOCABULARY 87
    ΓΡΑΜΜΑΤΙΚΗ – GRAMMAR 91
    ΑΣΚΗΣΕΙΣ – EXERCISES 99
    ΛΥΣΕΙΣ ΤΩΝ ΑΣΚΗΣΕΩΝ – ANSWERS TO THE EXERCISES 107
6. Ο Άρης 109
    ΛΕΞΙΛΟΓΙΟ – VOCABULARY 112
    ΓΡΑΜΜΑΤΙΚΗ – GRAMMAR 114
    ΑΣΚΗΣΕΙΣ – EXERCISES 119
    ΛΥΣΕΙΣ ΤΩΝ ΑΣΚΗΣΕΩΝ – ANSWERS TO THE EXERCISES 125

7. Η Αφροδίτη 127
- ΛΕΞΙΛΟΓΙΟ – VOCABULARY 131
- ΓΡΑΜΜΑΤΙΚΗ – GRAMMAR 133
- ΑΣΚΗΣΕΙΣ – EXERCISES 139
- ΛΥΣΕΙΣ ΤΩΝ ΑΣΚΗΣΕΩΝ – ANSWERS TO THE EXERCISES 147

8. Η Δήμητρα 149
- ΛΕΞΙΛΟΓΙΟ – VOCABULARY 152
- ΓΡΑΜΜΑΤΙΚΗ – GRAMMAR 155
- ΑΣΚΗΣΕΙΣ – EXERCISES 162
- ΛΥΣΕΙΣ ΤΩΝ ΑΣΚΗΣΕΩΝ – ANSWERS TO THE EXERCISES 168

9. Ο Ήφαιστος 169
- ΛΕΞΙΛΟΓΙΟ – VOCABULARY 172
- ΓΡΑΜΜΑΤΙΚΗ – GRAMMAR 175
- ΑΣΚΗΣΕΙΣ – EXERCISES 181
- ΛΥΣΕΙΣ ΤΩΝ ΑΣΚΗΣΕΩΝ – ANSWERS TO THE EXERCISES 188

10. Η Εστία 191
- ΛΕΞΙΛΟΓΙΟ – VOCABULARY 194
- ΓΡΑΜΜΑΤΙΚΗ – GRAMMAR 196
- ΣΗΜΕΙΩΣΕΙΣ – NOTES 200
- ΑΣΚΗΣΕΙΣ – EXERCISES 201
- ΛΥΣΕΙΣ ΤΩΝ ΑΣΚΗΣΕΩΝ – ANSWERS TO THE EXERCISES 207

11. Ο Απόλλωνας 209
- ΛΕΞΙΛΟΓΙΟ – VOCABULARY 212
- ΓΡΑΜΜΑΤΙΚΗ – GRAMMAR 214
- ΑΣΚΗΣΕΙΣ – EXERCISES 219
- ΛΥΣΕΙΣ ΤΩΝ ΑΣΚΗΣΕΩΝ – ANSWERS TO THE EXERCISES 226

12. Η Άρτεμη 227
- ΛΕΞΙΛΟΓΙΟ – VOCABULARY 230
- ΓΡΑΜΜΑΤΙΚΗ – GRAMMAR 232
- ΑΣΚΗΣΕΙΣ – EXERCISES 237
- ΛΥΣΕΙΣ ΤΩΝ ΑΣΚΗΣΕΩΝ – ANSWERS TO THE EXERCISES 243

13. Ο Ερμής 245
- ΛΕΞΙΛΟΓΙΟ – VOCABULARY 248
- ΓΡΑΜΜΑΤΙΚΗ – GRAMMAR 251
- ΑΣΚΗΣΕΙΣ – EXERCISES 256
- ΛΥΣΕΙΣ ΤΩΝ ΑΣΚΗΣΕΩΝ – ANSWERS TO THE EXERCISES 264

14. Ο Διόνυσος **267**
    ΛΕΞΙΛΟΓΙΟ – VOCABULARY 270
    ΓΡΑΜΜΑΤΙΚΗ – GRAMMAR 272
    ΑΣΚΗΣΕΙΣ – EXERCISES 277
    ΛΥΣΕΙΣ ΤΩΝ ΑΣΚΗΣΕΩΝ – ANSWERS TO THE EXERCISES 281

15. Ο Πλούτωνας **283**
    ΛΕΞΙΛΟΓΙΟ – VOCABULARY 287
    ΓΡΑΜΜΑΤΙΚΗ – GRAMMAR 290
    ΑΣΚΗΣΕΙΣ – EXERCISES 296
    ΛΥΣΕΙΣ ΤΩΝ ΑΣΚΗΣΕΩΝ – ANSWERS TO THE EXERCISES 301

List of abbreviations

acc.	accusative
act. v.	active voice
adj.	adjective
adv.	adverb
cont. sub.	continuous subjunctive
fem.	feminine
gen.	genitive
inst. sub.	instantaneous subjunctive
masc.	masculine
n.	noun
neut.	neuter
nom.	nominative
pass. v.	passive voice
pl.	plural
ppl.	participle
sing.	singular
syn.	synonym

Note about proper names appearing in the book

You may notice that often there is not a clear correspondence between the name of a god/hero/king in English and in Greek. For example, Zeus (English) and Δίας (Greek). This is because the English names are closer to the Ancient Greek pronunciation, whereas this book aims to teach Modern Greek and therefore all names are written in Modern Greek.

Examples:

Modern Greek	**_Ancient Greek_**	**_English_**
Ποσειδώνας	Ποσειδῶν	Poseidon
Δίας	Ζεύς	Zeus
Άρτεμη	Ἄρτεμις	Artemis
Απόλλωνας	Ἀπόλλων	Apollo
Δήμητρα	Δημήτηρ	Demeter
Έρωτας	Ἔρως	Eros
Αγαμέμνονας	Ἀγαμέμνων	Agamemnon
Έκτορας	Ἕκτωρ	Hector

...and so on.

1. Οι θεοί του Ολύμπου
The Gods of Olympus

ο Δίας
Zeus

η Ήρα
Hera

ο Ποσειδώνας
Poseidon

η Αθηνά
Athena

ο Άρης
Ares

η Αφροδίτη
Aphrodite

η Δήμητρα
Demeter

ο Ήφαιστος
Hephaestus

η Εστία
Hestia

ο Απόλλωνας
Apollo

η Άρτεμη
Artemis

ο Ερμής
Hermes

ο Διόνυσος
Dionysus

ο Πλούτωνας (Άδης)
Pluto (Hades)

Οι θεοί του **Ολύμπου** είναι δώδεκα: ο Δίας, η Ήρα, ο Ποσειδώνας, η Αθηνά, ο Άρης, η Δήμητρα, ο Ήφαιστος, η Αφροδίτη, ο Απόλλωνας, η Άρτεμη, ο Ερμής και η Εστία. **Λέγονται** «θεοί του Ολύμπου» και «Ολύμπιοι θεοί» γιατί **κατοικούν** στον Όλυμπο, **το πιο ψηλό βουνό** της Ελλάδας. Εκτός από τους δώδεκα **βασικούς** θεούς του Ολύμπου, **υπάρχει** και ο Πλούτωνας, ο οποίος δεν κατοικεί στον Όλυμπο αλλά στον Άδη, δηλαδή στον **κάτω κόσμο**. **Μικρότερος** θεός είναι ο Διόνυσος. Επίσης υπάρχουν και **ημίθεοι**, δηλαδή από πατέρα θεό και μητέρα **θνητή** ή από μητέρα θεά και πατέρα θνητό.

Οι θεοί **κατεβαίνουν συχνά** στη γη και **βοηθούν** ή **τιμωρούν** τους ανθρώπους. Έχουν **αρετές** αλλά και **ελαττώματα**, όπως οι άνθρωποι. Κάθε θεός έχει **συγκεκριμένες ικανότητες**. Για παράδειγμα, η Άρτεμη είναι **άψογη** στο **κυνήγι**, ο Ποσειδώνας **ελέγχει** τις θάλασσες κ.λπ. **Τρώνε αμβροσία** και **πίνουν νέκταρ**.

Εδώ **θα μάθουμε μερικές** βασικές **πληροφορίες** για τους δώδεκα θεούς, ή αλλιώς «το δωδεκάθεο».

ΛΕΞΙΛΟΓΙΟ – VOCABULARY

του Ολύμπου = *(gen.)* of Olympus	ο Όλυμπος = *(nom.)* Olympus
δώδεκα = twelve	
λέγονται = they are called	λέγομαι *(passive voice of λέω)* = I am called
κατοικούν = they reside	*verb:* κατοικώ = to reside
το πιο ψηλό βουνό = the highest mountain	ψηλός - ψηλή - ψηλό = *(adj.)* tall, high το βουνό = mountain
εκτός από = except, except for, apart from	
βασικούς = *(pl. acc.)* main	βασικός - βασική - βασικό = basic, main
υπάρχει = there is	*verb:* υπάρχω = to exist
ζει = he lives	*verb:* ζω = to live *just like the verb "live" in English, "ζω" also means "to reside"*
στον κάτω κόσμο = *(acc.)* in the underworld	ο κάτω κόσμος = *(nom.)* the underworld
μικρότερος = *(comparative)* lesser, minor	*also means:* smaller, younger μικρότερος - μικρότερη - μικρότερο μικρός - μικρή - μικρό = small, young
οι ημίθεοι = demigods	ο ημίθεος = *(sing.)* demigod
θνητή = *(adj. fem.)* mortal	θνητός - θνητή - θνητό
κατεβαίνουν = they go down/come down	*verb:* κατεβαίνω = to go down, descend
συχνά = *(adv.)* often	
βοηθούν = they help	*verb:* βοηθάω/βοηθώ = to help
τιμωρούν = they punish	*verb:* τιμωρώ = to punish
οι αρετές = virtues	η αρετή = *(sing.)* virtue
τα ελαττώματα = flaws	το ελάττωμα = *(sing.)* flaw, fault, defect
συγκεκριμένες = *(adj. fem. pl.)* specific	συγκεκριμένος - συγκεκριμένη - συγκεκριμένο

οι ικανότητες = *(fem. pl.)* abilities, capabilities	η ικανότητα = *(sing.)* ability, capability
άψογη = *(adj. fem.)* flawless	άψογος - άψογη - άψογο
το κυνήγι = *(n.)* hunting	
ελέγχει = he controls	*verb:* ελέγχω = to control *also:* to check, verify
τρώνε = they eat	*verb:* τρώω = to eat
η αμβροσία = ambrosia	
πίνουν = they drink	*verb:* πίνω = to drink
το νέκταρ = nectar	
θα μάθουμε = we will learn	*verb:* μαθαίνω = to learn θα μάθω = I will learn *also means:* to teach *(when used with an indirect object)* μαθαίνω κάτι = I learn/I'm learning something μαθαίνω κάτι σε κάποιον = to teach sth to sb *(syn.:* διδάσκω = to teach*)* *e.g.* μαθαίνω γαλλικά = I learn/I'm learning French μαθαίνω γαλλικά στην Άννα = I teach Anna French = διδάσκω γαλλικά στην Άννα
μερικές = *(adj. fem. pl.)* some	μερικός - μερική - μερικό μερικοί - **μερικές** - μερικά
οι πληροφορίες = *(fem. pl.)* information	η πληροφορία = *(sing.)* piece of information

ΓΡΑΜΜΑΤΙΚΗ – GRAMMAR

Ας κλίνουμε μερικά από τα ουσιαστικά που βρίσκονται στο κείμενο. - Let's decline some of the nouns found in the text.

Αρσενικά – Masculine

Singular

Nom.	**ο άνθρωπος**	**ο θεός**	**ο κόσμος**
Gen.	του ανθρώπου	του θεού	του κόσμου
Acc.	τον άνθρωπο	τον θεό	τον κόσμο
Voc.	άνθρωπε	θεέ	κόσμε

Plural

Nom.	οι άνθρωποι	οι θεοί	οι κόσμοι
Gen.	των ανθρώπων	των θεών	των κόσμων
Acc.	τους ανθρώπους	τους θεούς	τους κόσμους
Voc.	άνθρωποι	θεοί	κόσμοι

Θηλυκά – Feminine

Singular

Nom.	**η αρετή**	**η θάλασσα**	**η θεά**
Gen.	της αρετής	της θάλασσας	της θεάς
Acc.	την αρετή	τη θάλασσα	τη θεά
Voc.	αρετή	θάλασσα	θεά

Plural

Nom.	οι αρετές	οι θάλασσες	οι θεές
Gen.	των αρετών	των θαλασσών	των θεών
Acc.	τις αρετές	τις θάλασσες	τις θεές
Voc.	αρετές	θάλασσες	θεές

	Singular	
Nom.	**η ικανότητα**	**η πληροφορία**
Gen.	της ικανότητας	της πληροφορίας
Acc.	την ικανότητα	την πληροφορία
Voc.	ικανότητα	πληροφορία

	Plural	
Nom.	οι ικανότητες	οι πληροφορίες
Gen.	των ικανοτήτων	των πληροφοριών
Acc.	τις ικανότητες	τις πληροφορίες
Voc.	ικανότητες	πληροφορίες

Ουδέτερα – Neuter

	Singular	
Nom.	**το βουνό**	**το ελάττωμα**
Gen.	του βουνού	του ελαττώματος
Acc.	το βουνό	το ελάττωμα
Voc.	βουνό	ελάττωμα

	Plural	
Nom.	τα βουνά	τα ελαττώματα
Gen.	των βουνών	των ελαττωμάτων
Acc.	τα βουνά	τα ελαττώματα
Voc.	βουνά	ελαττώματα

Τώρα ας κλίνουμε μερικά από τα ρήματα του κειμένου στον ενεστώτα. – Now let's conjugate some of the verbs found in the text in the present tense.

Ενεστώτας
Simple present

εγώ	**βοηθάω/ βοηθώ**	ελέγχω	ζω	κατεβαίνω	κατοικώ
εσύ	βοηθάς	ελέγχεις	ζεις	κατεβαίνεις	κατοικείς
αυτός	βοηθάει/ βοηθά	ελέγχει	ζει	κατεβαίνει	κατοικεί
εμείς	βοηθάμε/ βοηθούμε	ελέγχουμε	ζούμε	κατεβαίνουμε	κατοικούμε
εσείς	βοηθάτε	ελέγχετε	ζείτε	κατεβαίνετε	κατοκείτε
αυτοί	βοηθάνε/ βοηθούν/ βοηθούνε	ελέγχουν/ ελέγχουνε	ζουν/ ζούνε	κατεβαίνουν/ κατεβαίνουνε	κατοικούν/ κατοικούνε

εγώ	**πίνω**	τρώω	τιμωρώ	υπάρχω
εσύ	πίνεις	τρως	τιμωρείς	υπάρχεις
αυτός	πίνει	τρώει	τιμωρεί	υπάρχει
εμείς	πίνουμε	τρώμε	τιμωρούμε	υπάρχουμε
εσείς	πίνετε	τρώτε	τιμωρείτε	υπάρχετε
αυτοί	πίνουν/ πίνουνε	τρώνε	τιμωρούν/ τιμωρούνε	υπάρχουν/ υπάρχουνε

εγώ	**λέγομαι**	*This verb is in the passive voice. It's OK if you're not very familiar with the passive voice yet, but it will be useful to learn to recognize it when you see it. So keep in mind that verbs in **-ομαι** and **-ώμαι** are in the passive voice and are conjugated differently from the active voice.*
εσύ	λέγεσαι	
αυτός	λέγεται	
εμείς	λεγόμαστε	
εσείς	λέγεστε/ λεγόσαστε*	
αυτοί	λέγονται	

In the text, you read "θα μάθουμε" (we will learn). This is the instantaneous future (or simple future) of the verb "μαθαίνω" in the 1st person plural. Let's conjugate the verb μαθαίνω in the <u>simple present</u> and in the <u>instantaneous future</u>.

	Simple present ***Ενεστώτας***	***Instantaneous future*** ***Στιγμιαίος μέλλοντας***
εγώ	**μαθαίνω**	**θα μάθω**
εσύ	μαθαίνεις	θα μάθεις
αυτός	μαθαίνει	θα μάθει
εμείς	μαθαίνουμε	θα μάθουμε
εσείς	μαθαίνετε	θα μάθετε
αυτοί	μαθαίνουν / μαθαίνουνε	θα μάθουν / θα μάθουνε

* *colloquial*

ΣΗΜΕΙΩΣΕΙΣ – NOTES

ΑΣΚΗΣΕΙΣ – EXERCISES

1. Σωστό ή λάθος; – True or false?

		Σωστό **True**	**Λάθος** **False**
a.	Οι θεοί κατοικούν στον Όλυμπο.	☐	☐
b.	Οι θεοί δεν έχουν ελαττώματα.	☐	☐
c.	Ο Δίας ελέγχει τις θάλασσες.	☐	☐
d.	Η Άρτεμη είναι πολύ καλή στο κυνήγι.	☐	☐
e.	Οι ημίθεοι έχουν πατέρα θνητό και μητέρα θνητή.	☐	☐
f.	Στο δωδεκάθεο υπάρχουν δέκα θεοί.	☐	☐

2. Γράψε τις λέξεις στον ενικό. – Write the words in the singular.

e.g. οι Έλληνες _____ο Έλληνας_____

a. οι άνθρωποι _____

b. οι αρετές _____

c. τα ελαττώματα _____

d. οι ικανότητες _____

e. οι θάλασσες _____

f. οι πληροφορίες _____

g. οι ημίθεοι _____

3. Συμπλήρωσε τα κενά με το σωστή λέξη. – Fill in the blanks with the right word.

> θάλασσας - συχνά - αρετές - νέκταρ - μικρότερος - ψηλό - κάτω - κατοικούν

a. Ο Πλούτωνας είναι ο θεός του _____ κόσμου.

b. Οι δώδεκα θεοί _____ στον Όλυμπο.

c. Ο Ποσειδώνας είναι ο θεός της _____.

d. Οι δώδεκα θεοί έχουν _____ και ελαττώματα.

e. Ο Διόνυσος είναι _____ θεός.

f. Οι θεοί κατεβαίνουν _____ στη γη.

g. Ο Όλυμπος είναι το πιο _____ βουνό της Ελλάδας.

h. Οι θεοί τρώνα αμβροσία και πίνουν _____.

4. Βάλε τα ρήματα στο πρώτο πρόσωπο του ενικού. – Put the verbs in the 1st person singular (in other words, identify the verb).

e.g. κατοικούν _____κατοικώ_____

a. είναι _____

b. λέγονται _____

c. υπάρχουν _____

d. κατεβαίνουν _____

e. βοηθούν _____

f. τιμωρούν _____

g. έχουν _____

h. ελέγχει _____

i. τρώνε _____

j. πίνουν _____

5. Διάλεξε τη σωστή απάντηση. – Choose the right answer.

a. Ποιος δεν είναι θεός του Ολύμπου;

   i. ο Απόλλωνας
   ii. ο Άρης
   iii. ο Αριστοτέλης
   iv. ο Ερμής

b. Ο Δίας ...

   i. ελέγχει τις θάλασσες
   ii. κατοικεί στον κάτω κόσμο
   iii. τρώει αμβροσία
   iv. είναι άψογος στο κυνήγι

c. Οι θεοί ...

   i. δεν κατεβαίνουν ποτέ στη γη
   ii. δεν βοηθούν ποτέ τους ανθρώπους
   iii. έχουν μητέρα θνητή και πατέρα θεό
   iv. έχουν αρετές και ελαττώματα

d. Στον κάτω κόσμο ζει ...

    i. ο Πλάτωνας

    ii. ο Ποσειδώνας

    iii. ο Πλούτωνας

    iv. ο Διόνυσος

e. Η Άρτεμη ...

    i. έχει θνητή μητέρα

    ii. δεν ξέρει κυνήγι

    iii. ζει στον κάτω κόσμο

    iv. ζει στην κορυφή του Ολύμπου

6. Βρες τα ονόματα των θεών στο παζλ. – Find the names of the gods in the word search puzzle.

ΔΙΑΣ	**ΗΡΑ**	**ΗΦΑΙΣΤΟΣ**	**ΔΗΜΗΤΡΑ**
ο Δίας	η Ήρα	ο Ήφαιστος	η Δήμητρα

ΕΣΤΙΑ	**ΑΡΤΕΜΗ**	**ΑΠΟΛΛΩΝΑΣ**	**ΑΘΗΝΑ**
η Εστία	η Άρτεμη	ο Απόλλωνας	η Αθηνά

ΠΟΣΕΙΔΩΝΑΣ	**ΑΡΗΣ**	**ΕΡΜΗΣ**	**ΑΦΡΟΔΙΤΗ**
ο Ποσειδώνας	ο Άρης	ο Ερμής	η Αφροδίτη

ΔΙΟΝΥΣΟΣ	**ΠΛΟΥΤΩΝΑΣ**		
ο Διόνυσος	ο Πλούτωνας		

Π	Ο	Σ	Η	Δ	Ι	Ο	Ν	Υ	Σ	Ο	Σ	Ε
Η	Ρ	Α	Θ	Α	Δ	Ε	Λ	Α	Ν	Ω	Α	Π
Θ	Η	Σ	Ρ	Η	Θ	Η	Ε	Ρ	Μ	Η	Σ	Ο
Η	Υ	Φ	Υ	Η	Α	Ι	Μ	Δ	Ε	Γ	Ε	Σ
Μ	Η	Γ	Ι	Ε	Σ	Υ	Π	Η	Σ	Ο	Χ	Ε
Α	Φ	Ρ	Ο	Δ	Ι	Τ	Η	Ω	Τ	Ε	Γ	Ι
Ρ	Α	Ν	Η	Φ	Η	Φ	Ο	Γ	Ι	Ρ	Ε	Δ
Τ	Ι	Ο	Γ	Ι	Κ	Ω	Α	Ν	Α	Λ	Α	Ω
Ε	Σ	Δ	Ι	Ψ	Δ	Ρ	Υ	Θ	Σ	Η	Ε	Ν
Μ	Τ	Α	Ι	Χ	Υ	Ζ	Ι	Κ	Η	Ρ	Η	Α
Η	Ο	Φ	Ε	Α	Π	Ο	Λ	Λ	Ω	Ν	Α	Σ
Κ	Σ	Η	Ρ	Ο	Σ	Ι	Μ	Η	Ν	Γ	Α	Ε
Π	Λ	Ο	Υ	Τ	Ω	Ν	Α	Σ	Η	Θ	Ι	Σ

ΛΥΣΕΙΣ ΤΩΝ ΑΣΚΗΣΕΩΝ – ANSWERS TO THE EXERCISES

1. a. Σωστό, b. Λάθος, c. Λάθος, d. Σωστό, e. Λάθος, f. Λάθος

2. a. ο άνθρωπος, b. η αρετή, c. το ελάττωμα,
   d. η ικανότητα, e. η θάλασσα, f. η πληροφορία,
   g. ο ημίθεος

3. a. κάτω, b. κατοικούν, c. θάλασσας, d. αρετές,
   e. μικρότερος, f. συχνά, g. ψηλό, h. νέκταρ

4. a. είμαι, b. λέγομαι, c. υπάρχω, d. κατεβαίνω,
   e. βοηθάω/βοηθώ, f. τιμωρώ, g. έχω, h. ελέγχω,
   i. τρώω, j. πίνω

5. a. i. ο Αριστοτέλης
   b. iii. τρώει αμβροσία
   c. iv. έχουν αρετές και ελαττώματα
   d. iii. ο Πλούτωνας
   e. iv. ζει στην κορυφή του Ολύμπου

6. Παζλ λέξεων – word search puzzle

Π	Ο	Σ	Η	Δ	Ι	Ο	Ν	Υ	Σ	Ο	Σ	Ε
Η	Ρ	Α	Θ	Α	Δ	Ε	Λ	Α	Ν	Ω	Α	Π
Θ	Η	Σ	Ρ	Η	Θ	Η	Ε	Ρ	Μ	Η	Σ	Ο
Η	Υ	Φ	Υ	Η	Α	Ι	Μ	Δ	Ε	Γ	Ε	Σ
Μ	Η	Γ	Ι	Ε	Σ	Υ	Π	Η	Σ	Ο	Χ	Ε
Α	Φ	Ρ	Ο	Δ	Ι	Τ	Η	Ω	Τ	Ε	Γ	Ι
Ρ	Α	Ν	Η	Φ	Η	Φ	Ο	Γ	Ι	Ρ	Ε	Δ
Τ	Ι	Ο	Γ	Ι	Κ	Ω	Α	Ν	Α	Λ	Α	Ω
Ε	Σ	Δ	Ι	Ψ	Δ	Ρ	Υ	Θ	Σ	Η	Ε	Ν
Μ	Τ	Α	Ι	Χ	Υ	Ζ	Ι	Κ	Η	Ρ	Η	Α
Η	Ο	Φ	Ε	Α	Π	Ο	Λ	Λ	Ω	Ν	Α	Σ
Κ	Σ	Η	Ρ	Ο	Σ	Ι	Μ	Η	Ν	Γ	Α	Ε
Π	Λ	Ο	Υ	Τ	Ω	Ν	Α	Σ	Η	Θ	Ι	Σ

2. Ο Δίας
Zeus

Ο Δίας είναι ο **αρχηγός** των θεών. Είναι **γιος** του Κρόνου και της Ρέας και **εγγονός** του Ουρανού και της Γης. Αδέλφια του είναι η Ήρα, ο Ποσειδώνας, η Εστία, η Δήμητρα και ο Πλούτωνας. Ο Δίας είναι ο θεός του **φωτός**, του **ουρανού**, του **κεραυνού** και γενικά των **καιρικών φαινομένων**. Επίσης είναι ο θεός του **νόμου**, της **τάξης** και της **δικαιοσύνης**. **Σύμβολά** του είναι ο **αετός** και ο κεραυνός. Κάθε φορά που **θυμώνει**, **ρίχνει** κεραυνούς. Λέγεται και Ξένιος Δίας γιατί **προστατεύει** τους **ξένους**. Είναι **παντρεμένος** με την Ήρα. Παιδιά τους είναι ο Άρης, η Ήβη, ο Ήφαιστος και η Ειλείθυια.

Ο Δίας είναι **γνωστός** για τις **πολλαπλές** ερωτικές **περιπέτειές** του.

Δίας: **Κοπελιά, μου αρέσεις. Πάμε μια βόλτα.**
Κοπέλα: Μα είσαι παντρεμένος!
Δίας: Ναι, αλλά είμαι ο Δίας και **κάνω ό,τι θέλω**.
Κοπέλα: Αλήθεια σου αρέσω; Εσύ είσαι ο **βασιλιάς** των θεών κι εγώ είμαι μια **απλή** θνητή!
Δίας: **Λεπτομέρειες**. Δεν έχω πρόβλημα.
Κοπέλα: Καλά. Έρχομαι.

Από αυτές τις περιπέτειες ο Δίας έχει πολλά παιδιά. **Μερικά** από αυτά είναι η Αθηνά, ο Απόλλωνας, η Άρτεμη, ο Ερμής, η Αφροδίτη, η Περσεφόνη, ο Διόνυσος, ο Ηρακλής, ο Περσέας, ο Αχιλλέας και η **Ωραία Ελένη**.

Οι **αρχαίοι** Έλληνες **λατρεύουν** τον Δία και **πιστεύουν** ότι είναι ένας πολύ **σοφός** και **δίκαιος** θεός που τιμωρεί αυτούς που κάνουν κακές **πράξεις** και βοηθάει τους καλούς ανθρώπους.

Η Ολυμπία είναι **χώρος αφιερωμένος** στον Δία, και οι **Ολυμπιακοί αγώνες** γίνονται **προς τιμήν του**.

ΛΕΞΙΛΟΓΙΟ – VOCABULARY

ο αρχηγός = leader	
ο γιος = son	η κόρη = daughter
ο εγγονός = grandson	η εγγονή = granddaughter
του φωτός = *(gen.)* of the light	το φως = *(nom.)* light
του ουρανού = *(gen.)* of the sky	ο ουρανός = *(nom.)* sky
του φωτός = *(gen.)* of the light	το φως = *(nom.)* light
του κεραυνού = *(gen.)* of the thunder	ο κεραυνός = thunder, thunderbolt
γενικά = *(adv.)* in general, generally	γενικός-γενική-γενικό = *(adj.)* general
των καιρικών φαινομένων = *(gen. pl.)* of weather phenomena	ο καιρός = weather καιρικός - καιρική - καιρικό = *(adj.)* related to the wather το φαινόμενο = phenomenon τα καιρικά φαινόμενα *(nom.)*
του νόμου = *(gen.)* of law	ο νόμος = law
της τάξης = *(gen.)* of order	η τάξη = order *also:* class, classroom, grade
της δικαιοσύνης = *(gen.)* of justice	η δικαιοσύνη = justice
τα σύμβολα = symbols	το σύμβολο = *(sing.)* symbol
ο αετός = eagle	
θυμώνει = he gets angry	*verb:* θυμώνω = to get angry ο θυμός = *(n.)* anger
ρίχνει = he throws	*verb:* ρίχνω = to throw *also:* to drop
προστατεύει = he protects	*verb:* προστατεύω = to protect η προστασία = *(n.)* protection
τους ξένους = *(acc. pl.)* guests	ο ξένος = *(nom. sing.)* stranger, foreigner, guest *also used as an adjective:* ξένος-ξένη-ξένο *(e.g.* η ξένη χώρα = foreign country*)*
παντρεμένος = *(ppl. masc.)* married	παντρεμένος - παντρεμένη - παντρεμένο *verb:* παντρεύομαι = to get married
γνωστός = *(masc.)* known	γνωστός - γνωστή - γνωστό
πολλαπλές = *(fem. pl.)* multiple	πολλαπλός - πολλαπλή - πολλαπλό πολλαπλοί - **πολλαπλές** - πολλαπλά

ερωτικές περιπέτειες = love adventures, love affairs	η ερωτική περιπέτεια *(sing.)* οι ερωτικές περιπέτειες *(pl.)* ο έρωτας = romantic love η περιπέτεια = adventure
η κοπελιά = gal	
μου αρέσεις = I like you	*verb:* αρέσω
πάμε = *(imperative)* let's go	*verb:* πάω/πηγαίνω = to go
η βόλτα = walk, stroll	
η κοπέλα = young woman	*also (in a different context):* girlfriend
κάνω = to do, to make	
θέλω = I want	κάνω ό,τι θέλω = I do whatever I want
ο βασιλιάς = king	η βασίλισσα = queen
απλή = *(adj. fem.)* simple	απλός - απλή - απλό = simple
οι λεπτομέρειες = details	η λεπτομέρεια = *(sing.)* detail
έρχομαι = I am coming, I come	
μερικά = *(adj. neut. pl.)* some	μερικός - μερική - μερικό μερικοί - μερικές - **μερικά**
η Ωραία Ελένη = Helen of Troy *(literally:* Beautiful Helen*)*	
αρχαίοι = *(adj. masc. pl.)* ancient	αρχαίος - αρχαία - αρχαίο **αρχαίοι** - αρχαίες - αρχαία
λατρεύουν = they worship	*verb:* λατρεύω = to worship, adore
πιστεύουν = they believe	*verb:* πιστεύω = to believe
σοφός = *(adj. masc.)* wise	σοφός - σοφή - σοφό
δίκαιος = *(adj. masc.)* fair, just	δίκαιος - δίκαια/δίκαιη - δίκαιο
οι πράξεις = acts	η πράξη = act, action
ο χώρος = space, site	
αφιερωμένος = *(ppl. masc.)* dedicated	αφιερωμένος-αφιερωμένη-αφιερωμένο *verb:* αφιερώνω = to dedicate
οι Ολυμπιακοί αγώνες = Olympic Games	ο αγώνας = game, match *also:* fight, struggle, race
γίνονται = they take place	*verb:* γίνομαι = *(pass. v.)* to take place, occur, come to be, become
προς τιμήν του = in his honor	προς τιμήν = in sb's honor η τιμή = honor *also:* value, price

ΓΡΑΜΜΑΤΙΚΗ – GRAMMAR

Ας κλίνουμε μερικά από τα ουσιαστικά που βρίσκονται στο κείμενο. - Let's decline some of the nouns found in the text.

Αρσενικά – Masculine

Singular

Nom.	**ο αγώνας**	**ο αετός**	**ο αρχηγός**	**ο βασιλιάς**
Gen.	του αγώνα	του αετού	του αρχηγού	του βασιλιά
Acc.	τον αγώνα	τον αετό	τον αρχηγό	τον βασιλιά
Voc.	αγώνα	αετέ	αρχηγέ	βασιλιά

Plural

Nom.	οι αγώνες	οι αετοί	οι αρχηγοί	οι βασιλιάδες
Gen.	των αγώνων	των αετών	των αρχηγών	των βασιλιάδων
Acc.	τους αγώνες	τους αετούς	τους αρχηγούς	τους βασιλιάδες
Voc.	αγώνες	αετοί	αρχηγοί	βασιλιάδες

Singular

Nom.	**ο γιος**	**ο εγγονός**	**ο Έλληνας**	**ο κεραυνός**
Gen.	του γιου	του εγγονού	του Έλληνα	του κεραυνού
Acc.	τον γιο	τον εγγονό	τον Έλληνα	τον κεραυνό
Voc.	γιε	εγγονέ	Έλληνα	κεραυνέ

Plural

Nom.	οι γιοι	οι εγγονοί	οι Έλληνες	οι κεραυνοί
Gen.	των γιων	των εγγονών	των Ελλήνων	των κεραυνών
Acc.	τους γιους	τους εγγονούς	τους Έλληνες	τους κεραυνούς
Voc.	γιοι	εγγονοί	Έλληνες	κεραυνοί

Singular

Nom.	**ο νόμος**	**ο ξένος**	**ο ουρανός**	**ο χώρος**
Gen.	του νόμου	του ξένου	του ουρανού	του χώρου
Acc.	τον νόμο	τον ξένο	τον ουρανό	τον χώρο
Voc.	νόμε	ξένε	ουρανέ	χώρε

Plural

Nom.	οι νόμοι	οι ξένοι	οι ουρανοί	οι χώροι
Gen.	των νόμων	των ξένων	των ουρανών	των χώρων
Acc.	τους νόμους	τους ξένους	τους ουρανούς	τους χώρους
Voc.	νόμοι	ξένοι	ουρανοί	χώροι

<u>**Θηλυκά – Feminine**</u>

Singular

Nom.	**η λεπτομέρεια**	**η περιπέτεια**	**η πράξη**
Gen.	της λεπτομέρειας	της περιπέτειας	της πράξης
Acc.	τη λεπτομέρεια	την περιπέτεια	την πράξη
Voc.	λεπτομέρεια	περιπέτεια	πράξη

Plural

Nom.	οι λεπτομέρειες	οι περιπέτειες	οι πράξεις
Gen.	των λεπτομερειών	των περιπετειών	των πράξεων
Acc.	τις λεπτομέρειες	τις περιπέτειες	τις πράξεις
Voc.	λεπτομέρειες	περιπέτειες	πράξεις

Ουδέτερα – Neuter

Singular

Nom.	**το παιδί**	**το πρόβλημα**	**το σύμβολο**
Gen.	του παιδιού	του προβλήματος	του συμβόλου
Acc.	το παιδί	το πρόβλημα	το σύμβολο
Voc.	παιδί	πρόβλημα	σύμβολο

Plural

Nom.	τα παιδιά	τα προβλήματα	τα σύμβολα
Gen.	των παιδιών	των προβλημάτων	των συμβόλων
Acc.	τα παιδιά	τα προβλήματα	τα σύμβολα
Voc.	παιδιά	προβλήματα	σύμβολα

Singular

Nom.	**το φαινόμενο**	**το φως**
Gen.	του φαινομένου	του φωτός
Acc.	το φαινόμενο	το φως
Voc.	φαινόμενο	φως

Plural

Nom.	τα φαινόμενα	τα φώτα
Gen.	των φαινομένων	των φώτων
Acc.	τα φαινόμενα	τα φώτα
Voc.	φαινόμενα	φώτα

Τώρα ας κλίνουμε μερικά από τα ρήματα του κειμένου στον ενεστώτα. – Now let's conjugate some of the verbs found in the text in the present tense.

<u>*Ενεστώτας*</u>
<u>*Simple present*</u>

εγώ	**αρέσω**	**θέλω**	**θυμώνω**
εσύ	αρέσεις	θέλεις	θυμώνεις
αυτός	αρέσει	θέλει	θυμώνει
εμείς	αρέσουμε	θέλουμε	θυμώνουμε
εσείς	αρέσετε	θέλετε	θυμώνετε
αυτοί	αρέσουν / αρέσουνε	θέλουν / θέλουνε	θυμώνουν / θυμώνουνε

εγώ	**κάνω**	**λατρεύω**	**πάω / πηγαίνω**
εσύ	κάνεις	λατρεύεις	πας / πηγαίνεις
αυτός	κάνει	λατρεύει	πάει / πηγαίνει
εμείς	κάνουμε	λατρεύουμε	πάμε / πηγαίνουμε
εσείς	κάνετε	λατρεύετε	πάτε / πηγαίνετε
αυτοί	κάνουν / κάνουνε	λατρεύουν / λατρεύουνε	πάνε / πηγαίνουν / πηγαίνουνε

εγώ	**πιστεύω**	**προστατεύω**	**ρίχνω**
εσύ	πιστεύεις	προστατεύεις	ρίχνεις
αυτός	πιστεύει	προστατεύει	ρίχνει
εμείς	πιστεύουμε	προστατεύουμε	ρίχνουμε
εσείς	πιστεύετε	προστατεύετε	ρίχνετε
αυτοί	πιστεύουν / πιστεύουνε	προστατεύουν / προστατεύουνε	ρίχνουν / ρίχνουνε

Verbs in the passive voice

εγώ	**γίνομαι**	**έρχομαι**
εσύ	γίνεσαι	έρχεσαι
αυτός	γίνεται	έρχεται
εμείς	γινόμαστε	ερχόμαστε
εσείς	γίνεστε / γινόσαστε*	έρχεστε / ερχόσαστε*
αυτοί	γίνονται	έρχονται

*colloquial

ΣΗΜΕΙΩΣΕΙΣ – NOTES

ΑΣΚΗΣΕΙΣ – EXERCISES

1. Σωστό ή λάθος; – True or false?

		<u>Σωστό</u>	<u>Λάθος</u>
a.	Ο Δίας είναι γιος του Κρόνου και της Γης.	☐	☐
b.	Ο Ποσειδώνας είναι γιος του Δία.	☐	☐
c.	Η Ωραία Ελένη είναι κόρη του Δία.	☐	☐
d.	Οι Ολυμπιακοί αγώνες γίνονται προς τιμήν του Δία.	☐	☐
e.	Ο Δίας είναι παντρεμένος με την Ήρα.	☐	☐
f.	Ο Δίας είναι ο θεός του φωτός, του ουρανού, της θάλασσας και του νόμου.	☐	☐
g.	Ο Ήφαιστος είναι γιος του Δία και της Ρέας.	☐	☐
h.	Ο Ηρακλής και ο Αχιλλέας είναι γιοι του Δία.	☐	☐
i.	Ο Δίας ρίχνει κεραυνούς στους ξένους.	☐	☐
j.	Ο Δίας είχε πολλές ερωτικές περιπέτειες.	☐	☐

2. Βάλε τα ρήματα στο 1ο πρόσωπο του πληθυντικού. – Put the verbs in the 1st person plural.

e.g. είναι — είμαστε

a. θυμώνει — _____

b. ρίχνει — _____

c. προστατεύει — _____

d. αρέσει — _____

e. πηγαίνει — _____

f. κάνει — _____

g. έχει — _____

h. έρχεται — _____

i. λατρεύουν — _____

j. πιστεύουν — _____

k. βοηθάει — _____

l. γίνονται — _____

3. Γράψε τα παρακάτω στον ενικό. Όπου υπάρχει *επίθετο + ουσιαστικό*, θυμήσου ότι πρέπει να συμφωνούν σε αριθμό. – Write the following in the singular. Where there's an *adjective + noun*, remember that they must agree in number.

a. οι θεοί   _____

b. τα καιρικά φαινόμενα   _____

c. τα σύμβολα   _____

d. οι κεραυνοί   _____

e. οι ξένοι   _____

f. τα παιδιά   _____

g. οι ερωτικές περιπέτειες   _____

h. οι λεπτομέρειες   _____

i. οι αρχαίοι Έλληνες   _____

j. οι κακές πράξεις   _____

k. οι καλοί άνθρωποι   _____

l. οι αγώνες   _____

4. Γράψε τις λέξεις στον πληθυντικό. – Write the words in the plural.

a. ο αρχηγός　_____

b. ο γιος　_____

c. ο εγγονός　_____

d. το φως　_____

e. ο ουρανός　_____

f. ο νόμος　_____

g. ο αετός　_____

h. η κοπελιά　_____

i. η βόλτα　_____

j. ο βασιλιάς　_____

k. η θνητή　_____

l. το πρόβλημα　_____

5. Συμπλήρωσε τα κενά με τις λέξεις στο πλαίσιο. – Fill in the blanks with the words in the box.

> *παιδιά - βοηθάει - κεραυνούς - βασιλιάς - παντρεμένος - δίκαιος - αδελφός - αετός - περιπέτειες - αγώνες - φαινόμενα - προστατεύει*

a. Ο Ποσειδώνας είναι _____ του Δία.

b. Ο Δίας ελέγχει τα καιρικά _____.

c. Ο Δίας _____ τους ξένους και _____ τους καλούς ανθρώπους.

d. Ο _____ και ο κεραυνός είναι σύμβολα του Δία.

e. Κάθε φορά που ο Δίας θυμώνει, ρίχνει _____.

f. Ο Δίας έχει πολλές ερωτικές _____ και πολλά _____.

g. Ο Δίας είναι _____ με την Ήρα.

h. Οι Ολυμπιακοί _____ γίνονται προς τιμήν του Δία.

i. Ο Δίας είναι σοφός και _____.

j. Ο Δίας κάνει ό,τι θέλει γιατί είναι ο _____ των θεών.

6. Διάλεξε τη σωστή απάντηση. – Choose the right answer.

a. Ο Κρόνος είναι ...

   i. πατέρας του Ουρανού
   ii. γιος του Ουρανού
   iii. εγγονός της Ρέας
   iv. αδελφός του Δία

b. Ο Δίας είναι ο θεός ...

   i. του ουρανού
   ii. του κάτω κόσμου
   iii. της θάλασσας
   iv. όλα τα παραπάνω

c. Ο Δίας λέγεται και Ξένιος Δίας γιατί ...

   i. τιμωρεί τους ξένους
   ii. ρίχνει κεραυνούς στους ξένους
   iii. προστατεύει τους ξένους
   iv. θυμώνει με τους ξένους

d. Η Αφροδίτη είναι ...

   i. αδελφή του Δία
   ii. γυναίκα του Δία
   iii. κόρη του Δία
   iv. κανένα από τα παραπάνω

e. Ο Δίας και η Ήρα ...

   i. ζούνε στον Όλυμπο
   ii. είναι παντρεμένοι
   iii. είναι παιδιά του Κρόνου και της Ρέας
   iv. όλα τα παραπάνω

ΛΥΣΕΙΣ ΤΩΝ ΑΣΚΗΣΕΩΝ – ANSWERS TO THE EXERCISES

1. a. Λάθος, b. Λάθος, c. Σωστό, d. Σωστό, e. Σωστό, f. Λάθος, g. Λάθος, h. Σωστό, i. Λάθος, j. Σωστό

2. a. θυμώνουμε, b. ρίχνουμε, c. προστατεύουμε, d. αρέσουμε, e. πηγαίνουμε, f. κάνουμε, g. έχουμε, h. ερχόμαστε, i. λατρεύουμε, j. πιστεύουμε, k. βοηθάμε/βοηθούμε, l. γινόμαστε

3. a. ο θεός, b. το καιρικό φαινόμενο, c. το σύμβολο, d. ο κεραυνός, e. ο ξένος, f. το παιδί, g. η ερωτική περιπέτεια, h. η λεπτομέρεια, i. ο αρχαίος Έλληνας, j. η κακή πράξη, k. ο καλός άνθρωπος, l. ο αγώνας

4. a. οι αρχηγοί, b. οι γιοι, c. οι εγγονοί, d. τα φώτα, e. οι ουρανοί, f. οι νόμοι, g. οι αετοί, h. οι κοπελιές, i. οι βόλτες, j. οι βασιλιάδες, k. οι θνητές, l. τα προβλήματα

5. a. αδελφός, b. φαινόμενα, c. προστατεύει, βοηθάει, d. αετός, e. κεραυνούς, f. περιπέτειες, παιδιά, g. παντρεμένος, h. αγώνες, i. δίκαιος, j. βασιλιάς

6. a. i. γιος του Ουρανού
   b. i. του ουρανού
   c. iii. προστάτευε τους ξένους
   d. iii. κόρη του Δία
   e. iv. όλα τα παραπάνω

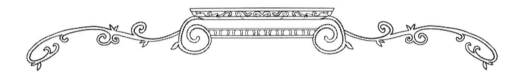

3. Η Ήρα
Hera

Η Ήρα είναι η **σύζυγος** του Δία. Είναι κόρη του Κρόνου και της Ρέας, που **σημαίνει** ότι είναι και **αδελφή** του Δία.

Η Ήρα είναι η θεά του **γάμου**, των **γυναικών**, του **τοκετού** και της **μητρότητας**. Επίσης έχει **πολεμικές ιδιότητες**. Στον **Τρωικό πόλεμο** βοηθάει τους Έλληνες κι **έρχεται σε αντίθεση** με τους θεούς που **παίρνουν το μέρος** των **Τρώων**.

Η Ήρα είναι πολύ **ισχυρή** θεά, και όλοι οι θεοί τη **σέβονται**. Μόνο αυτή μπορεί να **αντιμετωπίσει** τον Δία. Είναι πολύ γνωστή και για τη **ζήλια** της. **Ζηλεύει** και **εκδικείται** τις **αντίζηλές** της, δηλαδή τις γυναίκες που έχουν ερωτικές περιπέτειες με τον Δία.

Ήρα: Δία, γιατί με **απατάς**;
Δίας: Εγώ; Ποτέ!
Ήρα: Δία, τα ξέρω όλα. **Φτάνει** πια! Εγώ είμαι **πιστή** σύζυγος. Εσύ έχεις **ένα σωρό** γυναίκες κι ένα σωρό παιδιά!
Δίας: Εγώ εσένα αγαπώ. Το **ξέρεις**.
Ήρα: Έτσι **λες** πάντα, αλλά έχω **αμφιβολίες**.
Δίας: **Αλήθεια** λέω. Σ' αγαπώ.
Ήρα: **Τέλος πάντων**. Σε **συγχωρώ**.

Παρά τη ζήλια της, οι αρχαίοι Έλληνες **θεωρούν** την Ήρα **υπόδειγμα** γυναίκας, **πιστή**, **δυνατή** και έξυπνη. Συχνά **κρατάει** ένα **σκήπτρο**, που **συμβολίζει** την **κυριαρχία** της ως βασίλισσας των θεών. Άλλες φορές κρατάει ένα **ρόδι**, το οποίο συμβολίζει τη **γονιμότητα**. Άλλα σύμβολά της είναι το **παγώνι** και ο **κούκος**.

ΛΕΞΙΛΟΓΙΟ – VOCABULARY

η σύζυγος = *(fem.)* spouse	ο σύζυγος = *(masc.)* husband
σημαίνει = (it) means	
η αδελφή = sister	ο αδελφός = brother
του γάμου = *(gen.)* of marriage	ο γάμος = *(nom.)* marriage, wedding
των γυναικών = *(gen. pl.)* of women	η γυναίκα = *(nom. sing.)* woman *also, colloquial:* wife
του τοκετού = *(gen.)* of labor	ο τοκετός = labor, childbirth
της μητρότητας = *(gen.)* of motherhood	η μητρότητα = motherhood
οι πολεμικές ιδιότητες = *(pl.)* war qualities	πολεμικός - πολεμική - πολεμικό = related to war ο πόλεμος = war η ιδιότητα = property, quality
στον Τρωικό πόλεμο = *(acc.)* in the Trojan War	ο Τρωικός πόλεμος = *(nom.)* the Trojan War
έρχεται = she comes, she is coming	*verb:* έρχομαι = to come
σε αντίθεση με = in opposition to	η αντίθεση = opposition
παίρνουν το μέρος = they side with	*(expression)* παίρνω το μέρος + *gen.* = to take sb's side
των Τρώων = *(gen.)* of the Trojans	οι Τρώες = *(nom.)* the Trojans
ισχυρή = *(fem.)* powerful, potent	ισχυρός - ισχυρή - ισχυρό
τη σέβονται = they respect her	*verb:* σέβομαι + *accusative* = to respect sb
να αντιμετωπίσει = *(inst. sub.)* to confront	*verb:* αντιμετωπίζω = to confront, to face
η ζήλια = jealousy	ζηλιάρης – ζηλιάρα = *(adj.)* jealous, envious
ζηλεύει = she is jealous	*verb:* ζηλεύω = to be jealous, to envy
εκδικείται = she takes vengeance	*verb:* εκδικούμαι = to take revenge, to get vengeance
οι αντίζηλες = *(fem. pl.)* rivals	ο αντίζηλος, η αντίζηλη/η αντίζηλος = rival
με απατάς = you cheat/you are cheating on me	*verb:* απατάω/ απατώ = to cheat on
φτάνει! = (it is) enough!	*verb:* φτάνω = to be enough *also:* to arrive, to reach

πιστή = *(fem.)* faithful, loyal	πιστός - πιστή - πιστό
ένα σωρό = a bunch of, heaps of...	ο σωρός = *(nom.)* pile, heap
ξέρεις = you know	το ξέρεις = you know it *verb:* ξέρω = to know
λες = you say	*verb:* λέω
οι αμφιβολίες = doubts	η αμφιβολία = *(sing.)* doubt
η αλήθεια = truth	λέω αλήθεια = I tell/I am telling the truth
τέλος πάντων = *(expression)* anyway, whatever	
σε συγχωρώ = I forgive you	*verb:* συγχωρώ = to forgive
παρά = despite, in spite of	
θεωρούν = they consider	*verb:* θεωρώ = to consider, to regard
το υπόδειγμα = model, example	
δυνατή = *(fem.)* strong	δυνατός - δυνατή - δυνατό
έξυπνη = *(fem.)* intelligent	έξυπνος - έξυπνη - έξυπνο
κρατάει = she holds/is holding	*verb:* κρατάω/κρατώ = to hold
το σκήπτρο = scepter	
συμβολίζει = it symbolizes	*verb:* συμβολίζω = to symbolize
την κυριαρχία = *(acc.)* dominance	η κυριαρχία = *(nom.)* dominance, sovereignty
το ρόδι = pomegranate	
τη γονιμότητα = *(acc.)* fertility	η γονιμότητα = *(nom.)* fertility
το παγώνι = peacock	
ο κούκος = cuckoo	

ΓΡΑΜΜΑΤΙΚΗ – GRAMMAR

Ας κλίνουμε μερικά από τα ουσιαστικά που βρίσκονται στο κείμενο. - Let's decline some of the nouns found in the text.

Αρσενικά – Masculine

Singular

Nom.	**ο γάμος**	ο πόλεμος	ο τοκετός
Gen.	του γάμου	του πολέμου	του τοκετού
Acc.	τον γάμο	τον πόλεμο	τον τοκετό
Voc.	γάμε	πόλεμε	τοκετέ

Plural

Nom.	οι γάμοι	οι πόλεμοι	οι τοκετοί
Gen.	των γάμων	των πολέμων	των τοκετών
Acc.	τους γάμους	τους πολέμους	τους τοκετούς
Voc.	γάμοι	πόλεμοι	τοκετοί

Θηλυκά – Feminine

Singular

Nom.	**η αδελφή**	**η αμφιβολία**	**η αντίθεση**
Gen.	της αδελφής	της αμφιβολίας	της αντίθεσης
Acc.	την αδελφή	την αμφιβολία	την αντίθεση
Voc.	αδελφή	αμφιβολία	αντίθεση

Plural

Nom.	οι αδελφές	οι αμφιβολίες	οι αντιθέσεις
Gen.	των αδελφών	των αμφιβολιών	των αντιθέσεων
Acc.	τις αδελφές	τις αμφιβολίες	τις αντιθέσεις
Voc.	αδελφές	αμφιβολίες	αντιθέσεις

Singular

Nom.	**η γυναίκα**	**η ιδιότητα**	**η σύζυγος**
Gen.	της γυναίκας	της ιδιότητας	της συζύγου
Acc.	τη γυναίκα	την ιδιότητα	τη σύζυγο
Voc.	γυναίκα	ιδιότητα	σύζυγε

Plural

Nom.	οι γυναίκες	οι ιδιότητες	οι σύζυγοι
Gen.	των γυναικών	των ιδιοτήτων	των συζύγων
Acc.	τις γυναίκες	τις ιδιότητες	τις συζύγους
Voc.	γυναίκες	ιδιότητες	σύζυγοι

<u>*Ουδέτερα – Neuter*</u>

Singular

Nom.	**το μέρος**	**το ρόδι**	**το σκήπτρο**	**το υπόδειγμα**
Gen.	του μέρους	του ροδιού	του σκήπτρου	του υποδείγματος
Acc.	το μέρος	το ρόδι	το σκήπτρο	το υπόδειγμα
Voc.	μέρος	ρόδι	σκήπτρο	υπόδειγμα

Plural

Nom.	τα μέρη	τα ρόδια	τα σκήπτρα	τα υποδείγματα
Gen.	των μερών	των ροδιών	των σκήπτρων	των υποδειγμάτων
Acc.	τα μέρη	τα ρόδια	τα σκήπτρα	τα υποδείγματα
Voc.	μέρη	ρόδια	σκήπτρα	υποδείγματα

Τώρα ας κλίνουμε μερικά από τα ρήματα του κειμένου στον ενεστώτα. – Now let's conjugate some of the verbs found in the text in the present tense.

<u>*Ενεστώτας*</u>
<u>*Simple present*</u>

εγώ	**αντιμετωπίζω**	**απατάω/ απατώ**	**ζηλεύω**
εσύ	αντιμετωπίζεις	απατάς	ζηλεύεις
αυτός	αντιμετωπίζει	απατάει / απατά	ζηλεύει
εμείς	αντιμετωπίζουμε	απατάμε / απατούμε	ζηλεύουμε
εσείς	αντιμετωπίζετε	απατάτε	ζηλεύετε
αυτοί	αντιμετωπίζουν(ε)	απατάνε / απατούν(ε)	ζηλεύουν(ε)

εγώ	**θεωρώ**	**κρατάω / κρατώ**	**λέω**	**ξέρω**
εσύ	θεωρείς	κρατάς	λες	ξέρεις
αυτός	θεωρεί	κρατάει/ κρατά	λέει	ξέρει
εμείς	θεωρούμε	κρατάμε/ κρατούμε	λέμε	ξέρουμε
εσείς	θεωρείτε	κρατάτε	λέτε	ξέρετε
αυτοί	θεωρούν(ε)	κρατάνε/ κρατούν(ε)	λεν* / λένε	ξέρουν(ε)

* colloquial

εγώ	**παίρνω**	**συγχωρώ / συγχωράω***	**συμβολίζω**	**φτάνω**
εσύ	παίρνεις	συγχωρείς / συγχωράς*	συμβολίζεις	φτάνεις
αυτός	παίρνει	συγχωρεί / συγχωράει* / συγχωρά*	συμβολίζει	φτάνει
εμείς	παίρνουμε	συγχωρούμε / συγχωράμε*	συμβολίζουμε	φτάνουμε
εσείς	παίρνετε	συγχωρείτε / συγχωράτε*	συμβολίζετε	φτάνετε
αυτοί	παίρνουν(ε)	συγχωρούν(ε) / συγχωράνε*	συμβολίζουν(ε)	φτάνουν(ε)

Verbs in the passive voice

εγώ	**εκδικούμαι / εκδικιέμαι***	**σέβομαι**
εσύ	εκδικείσαι / εκδικιέσαι*	σέβεσαι
αυτός	εκδικείται / εκδικιέται*	σέβεται
εμείς	εκδικούμαστε / εκδικιόμαστε*	σεβόμαστε
εσείς	εκδικείστε / εκδικιέστε* / εκδικιόσαστε*	σέβεστε / σεβόσαστε*
αυτοί	εκδικούνται / εκδικιούνται* / εκδικιόνται*	σέβονται

colloquial

ΣΗΜΕΙΩΣΕΙΣ – NOTES

ΑΣΚΗΣΕΙΣ – EXERCISES

1. Σωστό ή λάθος; – True or false?

		<u>Σωστό</u>	<u>Λάθος</u>
a.	Η Ήρα είναι αδελφή του Δία.	☐	☐
b.	Η Ήρα απατάει τον Δία.	☐	☐
c.	Η Ήρα είναι πολύ ζηλιάρα.	☐	☐
d.	Στον Τρωϊκό πόλεμο, η Ήρα παίρνει το μέρος των Τρώων.	☐	☐
e.	Η Ήρα φοβάται πολύ τον Δία.	☐	☐
f.	Ο Κρόνος είναι πατέρας της Ήρας.	☐	☐
g.	Η Ήρα είναι υπόδειγμα γυναίκας.	☐	☐
h.	Ο Δίας είναι πιστός σύζυγος.	☐	☐
i.	Η Ήρα είναι η θεά του γάμου και της μητρότητας.	☐	☐

2. Διάλεξε τη σωστή απάντηση. – Choose the right answer.

a. Η Ήρα είναι η θεά ...
   i. του πολέμου
   ii. της μητρότητας και του γάμου
   iii. του ουρανού και της γης
   iv. της ζήλιας

b. Στον Τρωικό πόλεμο, η Ήρα ...
   i. βοηθάει τους Τρώες
   ii. έρχεται σε αντίθεση με τους Έλληνες
   iii. βοηθάει τους Έλληνες
   iv. εκδικείται τους Έλληνες

c. Η Ήρα είναι πολύ γνωστή ...
   i. για την ομορφιά της
   ii. για την εξυπνάδα της
   iii. για την καλοσύνη της
   iv. για τη ζήλια της

d. Η Ήρα είναι ...

    i. πιστή σύζυγος

    ii. ισχυρή θεά

    iii. ζηλιάρα

    iv. όλα τα παραπάνω

e. Ο Δίας ...

    i. δεν απατάει την Ήρα

    ii. αγαπάει την Ήρα

    iii. εκδικείται την Ήρα

    iv. αντιμετωπίζει την Ήρα

3. Αντιστοίχισε τις ερωτήσεις με τις απαντήσεις τους. – Match the questions to their answers.

a. Ποιες γυναίκες εκδικείται η Ήρα;   i. Τη γονιμότητα.

b. Τι κρατάει συνήθως στο χέρι της η Ήρα;   ii. Γιατί ο Δίας την απατάει.

c. Τι συμβολίζει το ρόδι;   iii. Τους Έλληνες.

d. Γιατί ζηλεύει η Ήρα;   iv. Της αντίζηλές της.

e. Ποιους βοηθάει η Ήρα στον Τρωικό πόλεμο;   v. Για τη ζήλεια της.

f. Για ποιο πράγμα είναι πολύ γνωστή η Ήρα;   vi. Ένα σκήπτρο.

4. Βάλε τα ρήματα στο 1º πρόσωπο του πληθυντικού. – Put the verbs in the 1st person plural.

a. συγχωρείτε _____

b. παίρνει _____

c. κρατάς _____

d. συμβολίζουν _____

e. εκδικείσαι _____

f. απατάει _____

g. αντιμετωπίζεις _____

h. λες _____

i. θεωρεί _____

j. ζηλεύω _____

5. Βάλε τις λέξεις στη σωστή σειρά για να φτιάξεις προτάσεις. – Put the words in the right order to make sentences.

a. σύζυγος – πολύ – Η – πιστή – είναι – Ήρα

b. του – Ήρα – σύζυγος – Η – είναι – Δία – η

c. θεά – είναι – Ήρα – ισχυρή – Η – πολύ

d. πολλές – την – Δίας – με – Ο – Ήρα – απατάει – γυναίκες

e. ζηλιάρα – πάρα – Ήρα – πολύ – Η – είναι

f. τις – εκδικείται – Η – αντίζηλες – Ήρα – της

g. | Ήρα – υπόδειγμα – είναι – Η – γυναίκας |

h. | βοηθάει – στον – Η – τους – Ήρα – Τρωικό – Έλληνες – πόλεμο |

ΛΥΣΕΙΣ ΤΩΝ ΑΣΚΗΣΕΩΝ – ANSWERS TO THE EXERCISES

1. a. Σωστό, b. Λάθος, c. Σωστό, d. Λάθος, e. Λάθος, f. Σωστό, g. Σωστό, h. Λάθος, i. Σωστό

2. a. ii. της μητρότητας και του γάμου
   b. iii. βοηθάει τους Έλληνες
   c. iv. για τη ζήλια της
   d. iv. όλα τα παραπάνω
   e. ii. αγαπάει την Ήρα

3. a. iv. Τις αντίζηλές της
   b. vi. Ένα σκήπτρο
   c. i. Τη γονιμότητα
   d. ii. Γιατί ο Δίας την απατάει
   e. iii. Τους Έλληνες
   f. v. Για τη ζήλεια της

4. a. συγχωρούμε
   b. παίρνουμε
   c. κρατάμε / κρατούμε
   d. συμβολίζουμε
   e. εκδικούμαστε / εκδικιόμαστε
   f. απατάμε / απατούμε
   g. αντιμετωπίζουμε
   h. λέμε
   i. θεωρούμε
   j. ζηλεύουμε

5. a. Η Ήρα είναι πολύ πιστή σύζυγος.
   b. Η Ήρα είναι η σύζυγος του Δία. /
      Η σύζυγος του Δία είναι η Ήρα.
   c. Η Ήρα είναι πολύ ισχυρή θεά.
   d. Ο Δίας απατάει την Ήρα με πολλές γυναίκες.
   e. Η Ήρα είναι πάρα πολύ ζηλιάρα.
   f. Η Ήρα εκδικείται τις αντίζηλές της.
   g. Η Ήρα βοηθάει τους Έλληνες στον Τρωικό πόλεμο. /
      Η Ήρα, στον Τρωικό πόλεμο, βοηθάει τους Έλληνες.

4. Ο Ποσειδώνας
Poseidon

Ο Ποσειδώνας είναι ο θεός της θάλασσας. Επίσης ελέγχει τις **λίμνες**, τις **πηγές** και τα **ποτάμια**. Είναι το **πέμπτο** παιδί του Κρόνου και της Ρέας και αδελφός του Δία, του Πλούτωνα, της Ήρας, της Δήμητρας και της Εστίας. Ζει στο **παλάτι** του στα **βάθη** της θάλασσας με τη **γυναίκα** του, την Αμφιτρίτη. Ο Ποσειδώνας έχει πολλά παιδιά. Μερικά από αυτά είναι ο Θησέας, ο Προκρούστης και ο Πολύφημος. Είναι **προστάτης** των **ναυτικών** και των **ψαράδων**.

Ο Ποσειδώνας τώρα έχει καλή **σχέση** με τον Δία, αλλά στο **παρελθόν**, **όχι και τόσο**.

Ποσειδώνας: Δία, θέλω τον **θρόνο** σου στον Όλυμπο.

Δίας: **Αστειεύεσαι**.

Ποσειδώνας: **Καθόλου**. Μου **αξίζει**!

Δίας: **Σοβαρά**; Σου αξίζει; Έτσι **νομίζεις**;

Ποσειδώνας: Έτσι είναι!

Δίας: **Τώρα θα δεις**! Σε **στέλνω εξορία** τώρα **αμέσως**!

Έτσι, ο Ποσειδώνας πηγαίνει εξορία. Εκεί, μαζί με τον Απόλλωνα **χτίζουν** την **Τροία**. Ο Ποσειδώνας **αγαπάει** πολύ την Τροία, αφού βοηθάει στο **χτίσιμό** της, γι' αυτό και **αργότερα** παίρνει το μέρος των Τρώων -και όχι των Ελλήνων- στον Τρωικό πόλεμο.

Εκτός από θεός της θάλασσας, ο Ποσειδώνας είναι **υπεύθυνος** για τις **καταιγίδες**, τους **τυφώνες** και τους **σεισμούς**. Κρατάει πάντα μια

τρίαινα και μ' αυτήν **ηρεμεί** τα νερά. Όταν θυμώνει, **χτυπάει** με την τρίαινα τη θάλασσα και **σηκώνει τεράστια κύματα**. Επίσης με την τρίαινά του **προκαλεί** τους σεισμούς και τις **εκρήξεις** των **ηφαιστείων**. **Ταξιδεύει** με ένα **χρυσό άρμα** πάνω στα κύματα και γύρω του **παίζουνε δελφίνια**. Το **μυθικό φτερωτό άλογο** Πήγασος **ανήκει** στον Ποσειδώνα. Γι' αυτό ένα από τα σύμβολα του Ποσειδώνα είναι το άλογο. Άλλα σύμβολά του είναι το δελφίνι και, **φυσικά**, η τρίαινα. Τον λατρεύουν σε πολλά μέρη της Ελλάδας, κυρίως σε **παραθαλάσσιες** περιοχές και **ακρωτήρια**.

ΛΕΞΙΛΟΓΙΟ – VOCABULARY

οι λίμνες = lakes	η λίμνη = *(sing.)* lake
οι πηγές = springs	η πηγή = *(sing.)* spring, source
τα ποτάμια = rivers	το ποτάμι = *(sing.)* river
πέμπτο = *(adj. neut.)* fifth	πέμπτος - πέμπτη - πέμπτο
το παλάτι = palace	
τα βάθη = the depths	το βάθος = *(sing.)* depth
η γυναίκα = woman, *(colloq.)* wife	When it is followed by a possessive pronoun (μου, σου, του) as in this text, it means wife (my/your/his wife).
ο προστάτης = protector	ο προστάτης – η προστάτιδα/ η προστάτρια/η προστάτισσα
των ναυτικών = *(gen. pl.)* of sailors	οι ναυτικοί *(nom. pl.)* ο ναυτικός *(nom. sing.)*
των ψαράδων = *(gen. pl.)* of fishermen	οι ψαράδες *(nom. pl.)* ο ψαράς *(nom. sing.)*
η σχέση = relationship, relation	
στο παρελθόν = in the past	το παρελθόν = the past το παρόν = the present το μέλλον = the future
όχι και τόσο = not so much	
τον θρόνο = *(acc.)* the throne	ο θρόνος = *(nom.)* throne
αστειεύεσαι = you are joking	*verb:* αστειεύομαι = to joke, to kid το αστείο = *(n.)* joke
καθόλου = *(adv.)* not at all	
μου αξίζει = I deserve it	*also:* το αξίζω = I deserve it *verb:* αξίζω = to deserve
σοβαρά = *(adv.)* seriously	σοβαρός - σοβαρή - σοβαρό = *(adj.)* serious
νομίζεις = you think	*verb:* νομίζω = to think, to believe
τώρα θα δεις! = now you'll see!, I'll show you!	*verb:* βλέπω = to see θα δω = *(inst. future)* I will see
στέλνω = to send	

η εξορία = exile	
αμέσως = *(adv.)* immediately	
έτσι = so, thus	
χτίζουν = they build	*verb:* χτίζω = to build, to construct
η Τροία = Troy	
αγαπάει = he loves	*verb:* αγαπάω/αγαπώ = to love
το χτίσιμο = building, construction	
αργότερα = *(adv.)* later	this is the comparative of the adverb αργά = late
υπεύθυνος = responsible	υπεύθυνος - υπεύθυνη - υπεύθυνο
τις καταιγίδες = *(acc. pl.)* storms	*nom.:* η καταιγίδα – οι καταιγίδες
τους τυφώνες = *(acc. pl.)* hurricanes	*nom.:* ο τυφώνας – οι τυφώνες
τους σεισμούς = *(acc. pl.)* earthquakes	*nom.:* ο σεισμός – οι σεισμοί
η τρίαινα = trident	
ηρεμεί = he calms down	*verb:* ηρεμώ = to calm, calm down, put at ease
χτυπάει = he strikes	*verb:* χτυπάω/χτυπώ = to hit, to strike
σηκώνει = he raises	*verb:* σηκώνω = to raise, lift, pick up
τεράστια = *(adj. neut. pl.)* huge	τεράστιος - τεράστια - τεράστιο
τα κύματα = waves	το κύμα = *(sing.)* wave
προκαλεί = he causes	*verb:* προκαλώ = to cause, to provoke
τις εκρήξεις = *(acc. pl.)* explosions	η έκρηξη = *(sing.)* explosion
των ηφαιστείων = *(gen. pl.)* of volcanoes	*nom.:* το ηφαίστειο – τα ηφαίστεια
ταξιδεύει = he travels	*verb:* ταξιδεύω = to travel
χρυσό = *(adj. neut.)* golden	χρυσός – χρυσή – χρυσό
το άρμα = chariot	
παίζουνε = they play	*verb:* παίζω = to play
τα δελφίνια = dolphins	το δελφίνι = *(sing.)* dolphin

μυθικό = *(adj. neut.)* mythical	μυθικός - μυθική - μυθικό = mythical, legendary
φτερωτό = *(adj. neut.)* winged	φτερωτός - φτερωτή - φτερωτό το φτερό = wing, feather
το άλογο = horse	
ο Πήγασος = Pegasus	
ανήκει = it belongs	*verb:* ανήκω = to belong
φυσικά = *(adv.)* naturally, certainly	η φύση = nature
παραθαλάσσιες = *(adj. fem. pl.)* coastal, by the sea	παραθαλάσσιος - παραθαλάσσια - παραθαλάσσιο
οι περιοχές = areas, regions	η περιοχή = *(nom. sing.)* area, region
τα ακρωτήρια = capes, headlands	το ακρωτήριο = *(sing.)* cape, headland *also, colloquial:* το ακρωτήρι

ΓΡΑΜΜΑΤΙΚΗ – GRAMMAR

Ας κλίνουμε μερικά από τα ουσιαστικά που βρίσκονται στο κείμενο. - Let's decline some of the nouns found in the text.

Αρσενικά – Masculine

Singular

Nom.	**ο αδελφός**	**ο θρόνος**	**ο ναυτικός**
Gen.	του αδελφού	του θρόνου	του ναυτικού
Acc.	τον αδελφό	τον θρόνο	τον ναυτικό
Voc.	αδελφέ	θρόνε	ναυτικέ

Plural

Nom.	οι αδελφοί	οι θρόνοι	οι ναυτικοί
Gen.	των αδελφών	των θρόνων	των ναυτικών
Acc.	τους αδελφούς	τους θρόνους	τους ναυτικούς
Voc.	αδελφοί	θρόνοι	ναυτικοί

Singular

Nom.	**ο σεισμός**	**ο τυφώνας**	**ο ψαράς**
Gen.	του σεισμού	του τυφώνα	του ψαρά
Acc.	τον σεισμό	τον τυφώνα	τον ψαρά
Voc.	σεισμέ	τυφώνα	ψαρά

Plural

Nom.	οι σεισμοί	οι τυφώνες	οι ψαράδες
Gen.	των σεισμών	των τυφώνων	των ψαράδων
Acc.	τους σεισμούς	τους τυφώνες	τους ψαράδες
Voc.	σεισμοί	τυφώνες	ψαράδες

Θηλυκά – Feminine

Singular

Nom.	**η έκρηξη**	**η καταιγίδα**	**η λίμνη**
Gen.	της έκρηξης	της καταιγίδας	της λίμνης
Acc.	την έκρηξη	την καταιγίδα	τη λίμνη
Voc.	έκρηξη	καταιγίδα	λίμνη

Plural

Nom.	οι εκρήξεις	οι καταιγίδες	οι λίμνες
Gen.	των εκρήξεων	των καταιγίδων	των λιμνών
Acc.	τις εκρήξεις	τις καταιγίδες	τις λίμνες
Voc.	εκρήξεις	καταιγίδες	λίμνες

Singular

Nom.	**η περιοχή**	**η πηγή**	**η σχέση**
Gen.	της περιοχής	της πηγής	της σχέσης
Acc.	την περιοχή	την πηγή	τη σχέση
Voc.	περιοχή	πηγή	σχέση

Plural

Nom.	οι περιοχές	οι πηγές	οι σχέσεις
Gen.	των περιοχών	των πηγών	των σχέσεων
Acc.	τις περιοχές	τις πηγές	τις σχέσεις
Voc.	περιοχές	πηγές	σχέσεις

Ουδέτερα – Neuter

Singular

Nom.	**το άλογο**	**το άρμα**	**το βάθος**
Gen.	του αλόγου	του άρματος	του βάθους
Acc.	το άλογο	το άρμα	το βάθος
Voc.	άλογο	άρμα	βάθος

Plural

Nom.	τα άλογα	τα άρματα	τα βάθη
Gen.	των αλόγων	των αρμάτων	των βαθών
Acc.	τα άλογα	τα άρματα	τα βάθη
Voc.	άλογα	άρματα	βάθη

Singular

Nom.	**το δελφίνι**	**το ηφαίστειο**	**το κύμα**
Gen.	του δελφινιού	του ηφαιστείου	του κύματος
Acc.	το δελφίνι	το ηφαίστειο	το κύμα
Voc.	δελφίνι	ηφαίστειο	κύμα

Plural

Nom.	τα δελφίνια	τα ηφαίστεια	τα κύματα
Gen.	των δελφινιών	των ηφαιστείων	των κυμάτων
Acc.	τα δελφίνια	τα ηφαίστεια	τα κύματα
Voc.	δελφίνια	ηφαίστεια	κύματα

	Singular		
Nom.	**το νερό**	**το παλάτι**	**το ποτάμι**
Gen.	του νερού	του παλατιού	του ποταμιού
Acc.	το νερό	το παλάτι	το ποτάμι
Voc.	νερό	παλάτι	ποτάμι

	Plural		
Nom.	τα νερά	τα παλάτια	τα ποτάμια
Gen.	των νερών	των παλατιών	των ποταμιών
Acc.	τα νερά	τα παλάτια	τα ποτάμια
Voc.	νερά	παλάτια	ποτάμια

Τώρα ας κλίνουμε μερικά από τα ρήματα του κειμένου στον ενεστώτα. – Now let's conjugate some of the verbs found in the text in the present tense.

<u>*Ενεστώτας*</u>
<u>**Simple present**</u>

εγώ	**αγαπάω / αγαπώ**	**ανήκω**	**αξίζω**
εσύ	αγαπάς	ανήκεις	αξίζεις
αυτός	αγαπάει / αγαπά	ανήκει	αξίζει
εμείς	αγαπάμε / αγαπούμε	ανήκουμε	αξίζουμε
εσείς	αγαπάτε	ανήκετε	αξίζετε
αυτοί	αγαπάνε / αγαπούν(ε)	ανήκουν(ε)	αξίζουν(ε)

εγώ	**βλέπω**	**ηρεμώ**	**νομίζω**	**παίζω**
εσύ	βλέπεις	ηρεμείς	νομίζεις	παίζεις
αυτός	βλέπει	ηρεμεί	νομίζει	παίζει
εμείς	βλέπουμε	ηρεμούμε	νομίζουμε	παίζουμε
εσείς	βλέπετε	ηρεμείτε	νομίζετε	παίζετε
αυτοί	βλέπουν(ε)	ηρεμούν(ε)	νομίζουν(ε)	παίζουν(ε)

εγώ	**προκαλώ**	**σηκώνω**	**στέλνω**	**ταξιδεύω**
εσύ	προκαλείς	σηκώνεις	στέλνεις	ταξιδεύεις
αυτός	προκαλεί	σηκώνει	στέλνει	ταξιδεύει
εμείς	προκαλούμε	σηκώνουμε	στέλνουμε	ταξιδεύουμε
εσείς	προκαλείτε	σηκώνετε	στέλνετε	ταξιδεύετε
αυτοί	προκαλούν(ε)	σηκώνουν(ε)	στέλνουν(ε)	ταξιδεύουν(ε)

εγώ	**χτίζω**	**χτυπάω / χτυπώ**
εσύ	χτίζεις	χτυπάς
αυτός	χτίζει	χτυπάει / χτυπά
εμείς	χτίζουμε	χτυπάμε / χτυπούμε
εσείς	χτίζετε	χτυπάτε
αυτοί	χτίζουν(ε)	χτυπάνε / χτυπούν(ε)

Verbs in the passive voice

εγώ	**αστειεύομαι**
εσύ	αστειεύεσαι
αυτός	αστειεύεται
εμείς	αστειευόμαστε
εσείς	αστειεύεστε / αστειευόσαστε*
αυτοί	αστειεύονται

In the text, Zeus tells Poseidon "θα δεις" (you'll see). This is the instantaneous future (or simple future) of the verb "βλέπω" in the 2nd person singular. Let's conjugate the verb *βλέπω* in the <u>simple present</u> and in the <u>instantaneous future</u>.

	Simple present ***Ενεστώτας***	**Instantaneous future** ***Στιγμιαίος μέλλοντας***
εγώ	**βλέπω**	**θα δω**
εσύ	βλέπεις	θα δεις
αυτός	βλέπει	θα δει
εμείς	βλέπουμε	θα δούμε
εσείς	βλέπετε	θα δείτε
αυτοί	βλέπουν / βλέπουνε	θα δουν / θα δούνε

* colloquial

ΣΗΜΕΙΩΣΕΙΣ – NOTES

ΑΣΚΗΣΕΙΣ – EXERCISES

1. Σωστό ή λάθος; – True or false?

		Σωστό	**Λάθος**
a.	Ο Ποσειδώνας δεν είχε παιδιά.	☐	☐
b.	Ο Κρόνος είναι αδελφός του Ποσειδώνα.	☐	☐
c.	Ο Ποσειδώνας βοηθάει τον Απόλλωνα στο χτίσιμο της Τροίας.	☐	☐
d.	Ο Ποσειδώνας με την τρίαινά του προκαλεί τους σεισμούς.	☐	☐
e.	Ο Ποσειδώνας ταξιδεύει πάνω στα κύματα με το άρμα του.	☐	☐
f.	Στον Τρωικό πόλεμο, ο Ποσειδώνας βοηθάει τους Τρώες.	☐	☐
g.	Ο Ποσειδώνας είναι αδελφός του Δία και της Αμφιτρίτης.	☐	☐
h.	Ο Ποσειδώνας θέλει να γίνει βασιλιάς των θεών.	☐	☐

2. Βάλε τα ρήματα στο 3º πρόσωπο του ενικού. – Put the verbs in the 3rd person singular.

a. Ο Ποσειδώνας, με την τρίαινά του, _____ τα νερά. *(ηρεμώ)*

b. Ο Ποσειδώνας _____ με το χρυσό άρμα του πάνω στα κύματα. *(ταξιδεύω)*

c. Ο Ποσειδώνας _____ στα βάθη της θάλασσας. *(ζω)*

d. Γυναίκα του Ποσειδώνα _____ η Αμφιτρίτη. *(είμαι)*

e. Ο Ποσειδώνας _____ να πάρει το θρόνο στον Όλυμπο. *(θέλω)*

f. Ο Ποσειδώνας _____ πολύ την πόλη της Τροίας. *(αγαπάω)*

g. Ο Ποσειδώνας _____ τη θάλασσα με την τρίαινά του και _____ κύματα. *(χτυπάω, σηκώνω)*

h. Ο Ποσειδώνας _____ τις εκρήξεις των ηφαιστείων. *(προκαλώ)*

i. Ο Ποσειδώνας _____ τους ναυτικούς και τους ψαράδες. *(προστατεύω)*

3. Διάλεξε τη σωστή απάντηση. – Choose the right answer.

a. Ο Θησέας είναι ...

　i. γιος του Ποσειδώνα
　ii. πατέρας του Ποσειδώνα
　iii. αδελφός του Ποσειδώνα
　iv. το φτερωτό άλογο του Ποσειδώνα

b. Ο Ποσειδώνας ζει ...

　i. στα βάθη ενός ποταμού
　ii. στον Όλυμπο
　iii. στα βάθη της θάλασσας
　iv. στην Τροία

c. Ο Ποσειδώνας είναι υπεύθυνος για ...

　i. τους σεισμούς
　ii. τις καταιγίδες
　iii. τους τυφώνες
　iv. όλα τα παραπάνω

d. Ο Δίας στέλνει εξορία τον Ποσειδώνα επειδή ...

   i. ο Ποσειδώνας χτίζει την Τροία
   ii. ο Ποσειδώνας παίρνει το μέρος των Τρώων στον Τρωικό πόλεμο
   iii. ο Ποσειδώνας θέλει να του πάρει τον θρόνο
   iv. ο Ποσειδώνας προκαλεί εκρήξεις ηφαιστείων

4. Συμπλήρωσε τα κενά. – Fill in the blanks.

> άλογο - πόλεμο - τρίαινα - δελφίνι - παλάτι - αδελφές - λίμνες - προκαλεί

a. Το _____ του Ποσειδώνα είναι στα βάθη της θάλασσας.

b. Ο Ποσειδώνας ελέγχει τη θάλασσα, τις πηγές, τις _____ και τα ποτάμια.

c. Η Εστία και η Δήμητρα είναι _____ του Ποσειδώνα.

d. Ο Ποσειδώνας βοηθάει τους Τρώες στον Τρωικό _____.

e. Ο Ποσειδώνας κρατάει πάντα μια _____ στο χέρι του.

f. Ο Ποσειδώνας _____ τις καταιγίδες και τους σεισμούς.

g. Ο Ποσειδώνας έχει ένα φτερωτό _____ που λέγεται Πήγασος.

h. Σύμβολα του Ποσειδώνα είναι το άλογο, το _____ και η τρίαινα.

5. Γράψε παρακάτω όλα τα ρήματα του κειμένου. Έπειτα βάλε τα στο 1ο πληθυντικό πρόσωπο. – Write below all the verbs in the text. Then put them in the 1st person plural.

είναι

είμαστε

6. Βάλε τα παρακάτω στη γενική πτώση. Να θυμάσαι ότι το επίθετο πρέπει να συμφωνεί με το ουσιαστικό. – Put the following in the genitive case. Remember that the adjective must agree with the noun.

	Ενικός – Singular	**_Πληθυντικός – Plural_**
e.g.	η γαλάζια θάλασσα	οι γαλάζιες θάλασσες
	της γαλάζιας θάλασσας	_των γαλάζιων θαλασσών_
a.	το τεράστιο κύμα	τα τεράστια κύματα
b.	το χρυσό άρμα	τα χρυσά άρματα
c.	το φτερωτό άλογο	τα φτερωτά άλογα
d.	η καλή σχέση	οι καλές σχέσεις
e.	ο δυνατός τυφώνας	οι δυνατοί τυφώνες
f.	η ισχυρή έκρηξη	οι ισχυρές εκρήξεις
g.	η παραθαλάσσια περιοχή	οι παραθαλάσσιες περιοχές

ΛΥΣΕΙΣ ΤΩΝ ΑΣΚΗΣΕΩΝ – ANSWERS TO THE EXERCISES

1. a. Λάθος, b. Λάθος, c. Σωστό, d. Σωστό, e. Σωστό, f. Σωστό, g. Λάθος, h. Σωστό

2. a. ηρεμεί, b. ταξιδεύει, c. ζει, d. είναι, e. θέλει, f. αγαπάει/αγαπά
   g. χτυπάει/χτυπά, σηκώνει, h. προκαλεί, i. προστατεύει

3. a. i. γιος του Ποσειδώνα
   b. iii. στα βάθη της θάλασσας
   c. iv. όλα τα παραπάνω
   d. iii. ο Ποσειδώνας θέλησε να του πάρει τον θρόνο

4. a. παλάτι, b. λίμνες, c. αδελφές, d. πόλεμο, e. τρίαινα,
   f. προκαλεί, g. άλογο, h. δελφίνι

5. ελέγχει, είναι, ζει, έχει, είναι, είναι, έχει, θέλω, αστειεύεσαι, αξίζει, αξίζει, νομίζεις, θα δεις, στέλνω, πηγαίνει, χτίζουν, αγαπάει, βοηθάει, παίρνει, είναι, κρατάει, ηρεμεί, θυμώνει, χτυπάει, σηκώνει, προκαλεί, ταξιδεύει, παίζουνε, ανήκει, είναι, είναι, λατρεύουν

   ελέγχουμε, είμαστε, ζούμε, έχουμε, είμαστε, είμαστε, έχουμε, θέλουμε, αστειευόμαστε, αξίζουμε, αξίζουμε, νομίζουμε, θα δούμε, στέλνουμε, πηγαίνουμε, χτίζουμε, αγαπάμε, βοηθάμε, παίρνουμε, είμαστε, κρατάμε, ηρεμούμε, θυμώνουμε, χτυπάμε, σηκώνουμε, προκαλούμε, ταξιδεύουμε, παίζουμε, ανήκουμε, είμαστε, είμαστε, λατρεύουμε

6. a. του τεράστιου κύματος – των τεράστιων κυμάτων
   b. του χρυσιού άρματος – των χρυσών αρμάτων
   c. του φτερωτού αλόγου – των φτερωτών αλόγων
   d. της καλής σχέσης – των καλών σχέσεων
   e. του δυνατού τυφώνα – των δυνατών τυφώνων
   f. της ισχυρής έκρηξης – των ισχυρών εκρήξεων
   g. της παραθαλάσσιας περιοχής – των παραθαλάσσιων περιοχών

5. Η Αθηνά
Athena

Η Αθηνά είναι η θεά της **σοφίας** και των **τεχνών**, αλλά και της **στρατηγικής** και του πολέμου. Είναι η **αγαπημένη** κόρη του Δία. **Φοράει συνήθως πανοπλία** και **περικεφαλαία**, και κρατάει μια **ασπίδα**.

Η **Αθήνα**, η **πρωτεύουσα** της Ελλάδας, **ονομάζεται** έτσι από την Αθηνά. Η Αθηνά είναι η **προστάτιδα** της **πόλης** και των **κατοίκων** της, οι οποίοι λέγονται **Αθηναίοι**. Η Αθηνά δεν έχει πολύ καλή σχέση με τον Ποσειδώνα, **λόγω** της Αθήνας.

Ποσειδώνας: Θέλω να γίνω προστάτης της πόλης.

Αθηνά: Όχι, εγώ θέλω να γίνω προστάτιδα της πόλης.

Ποσειδώνας: Εγώ είμαι **μεγαλύτερος** από σένα!

Αθηνά: Ναι αλλά εγώ είμαι **σοφή**!

Ποσειδώνας: Κι εγώ τι είμαι; **Χαζός**;

Αθηνά: Δεν ξέρω και δεν με **ενδιαφέρει**. Εγώ θέλω την πόλη.

Ποσειδώνας: Ας **ζητήσουμε** τη **βοήθεια** του Δία.

Δίας: Θα κάνετε **διαγωνισμό**! **Όποιος προσφέρει** το πιο **χρήσιμο δώρο** στους κατοίκους, **θα γίνει** προστάτης της πόλης.

Ποσειδώνας: Ωραία. Είμαι **έτοιμος**.

Αθηνά: Κι εγώ είμαι έτοιμη. **Πάμε** στην **Ακρόπολη** για το διαγωνισμό.

Στην Ακρόπολη, ο Ποσειδώνας χτυπάει τον **βράχο** με την τρίαινά του και **βγαίνει** νερό. Αλλά είναι **αλμυρό**, σαν το νερό της θάλασσας που είναι το βασίλειο του Ποσειδώνα.

*Η Αθηνά **καρφώνει** το **δόρυ** της στον βράχο και **φυτρώνει** μια **ελιά**.*

Ποσειδώνας: Δία, ποιο είναι το πιο χρήσιμο δώρο;

Δίας: Το δώρο της Αθηνάς είναι πιο χρήσιμο από το δικό σου.

Ποσειδώνας: Μα γιατί;

Δίας: Γιατί το νερό σου είναι αλμυρό, Ποσειδώνα!

Αθηνά: Ναι. Αλμυρό, **άρα άχρηστο**. Ενώ το δικό μου δώρο, η ελιά, **δίνει τροφή**, **λάδι** και **ξυλεία**.

Δίας: **Ακριβώς! Από 'δω και στο εξής**, η Αθηνά είναι προστάτιδα της πόλης.

Αθηνά: Ευχαριστώ, μπαμπά. Την ονομάζω Αθήνα.

Στην Αθηνά είναι αφιερωμένος ο **Παρθενώνας**, ο **ναός** που **βρίσκεται** στην Ακρόπολη. Λέγεται Παρθενώνας γιατί η Αθηνά είναι **παρθένα**, δεν έχει **σύζυγο** ούτε **εραστή**.

Η Αθηνά παίζει μεγάλο **ρόλο** στην **Ιλιάδα** και στην **Οδύσσεια**. Η Ιλιάδα **περιγράφει** τον Τρωϊκό πόλεμο. Εκεί η Αθηνά βοηθάει τους Έλληνες και όχι τους Τρώες. Άλλοι θεοί, όπως ο Ποσειδώνας και ο Απόλλωνας, βοηθούν τους Τρώες. Η Οδύσσεια περιγράφει το **ταξίδι** του **Οδυσσέα** πίσω στην **Ιθάκη**. Εκεί η Αθηνά κάνει ό,τι μπορεί για να βοηθήσει τον Οδυσσέα να **φτάσει** στην **πατρίδα** του.

Άλλοι **ήρωες** που προστατεύει και βοηθάει η Αθηνά είναι ο **Αχιλλέας**, ο **Διομήδης**, ο **Τηλέμαχος** (γιος του Οδυσσέα) και ο **Περσέας**, **μεταξύ άλλων**.

Παρόλο που η Αθηνά είναι θεά του πολέμου, είναι και θεά της **ειρήνης** και των **τεχνών**, όπως της **γλυπτικής**, της **αρχιτεκτονικής** και της **ζωγραφικής**. Πολλές γιορτές είναι αφιερωμένες στην Αθηνά. Η πιο **σημαντική** από αυτές είναι τα Παναθήναια, που **γιορτάζονται** κάθε χρόνο με αθλητικούς και μουσικούς αγώνες. Σύμβολά της Αθηνάς είναι η **κουκουβάγια**, που συμβολίζει τη **γνώση** και τη σοφία, η περικεφαλαία, που συμβολίζει την πολεμική στρατηγική, και η ελιά, που συμβολίζει την ειρήνη, τη **φιλία** και, φυσικά, το δώρο της θεάς στους Αθηναίους.

ΛΕΞΙΛΟΓΙΟ – VOCABULARY

της σοφίας = *(gen.)* of wisdom	η σοφία = *(nom.)* wisdom
των τεχνών = *(gen. pl.)* of the arts	η τέχνη = *(nom. sing.)* art
της στρατηγικής = *(gen.)* of strategy	η στρατηγική = *(nom.)* strategy
αγαπημένη = *(ppl. fem.)* favorite	αγαπημένος - αγαπημένη - αγαπημένο
φοράει = she wears	*verb:* φοράω / φορώ = to wear
συνήθως = *(adv.)* usually	
η πανοπλία = armor	
η περικεφαλαία = battle helmet	
η ασπίδα = shield	
η Αθήνα = Athens	
η πρωτεύουσα = the capital	
ονομάζεται = *(pass. v.)* is called	*verb:* ονομάζομαι = *(pass. v.)* I am called, I am named, my name is *(syn.:* λέγομαι*)* *verb:* ονομάζω = *(act. v.)* to name το όνομα = *(n.)* name
η προστάτιδα = *(fem.)* protector	ο προστάτης *(masc.)* η προστάτιδα/ η προστάτρια/ η προστάτισσα *(fem.)*
της πόλης = *(gen.)* of the city	η πόλη = *(nom.)* city
των κατοίκων = *(gen. pl.)* of the inhabitants	ο/η κάτοικος = *(sing.)* resident, inhabitant
οι Αθηναίοι = the Athenians	Αθηναίος - Αθηναία Αθηναίοι - Αθηναίες = *(adj.)* Athenian *also used as a noun, with an article:* ο Αθηναίος, οι Αθηναίοι, etc.
λόγω + *genitive* = because of, due to	
μεγαλύτερος = *(masc.)* older	*comparative of* μεγάλος = big, old, great μεγαλύτερος - μεγαλύτερη - μεγαλύτερο = bigger, older, greater
σοφή = *(adj. fem.)* wise	σοφός - σοφή - σοφό
χαζός = *(adj. masc.)* stupid	χαζός - χαζή - χαζό
δεν ξέρω = I don't know	*verb:* ξέρω = to know

δεν με ενδιαφέρει = I don't care, it doesn't interest me	*verb:* ενδιαφέρω = to interest, matter to
ας ζητήσουμε = let's ask for	*verb:* ζητάω/ζητώ = to ask for, to request
η βοήθεια = *(n.)* help	
ο διαγωνισμός = contest, competition	
όποιος = whoever	
προσφέρει = offers	*verb:* προσφέρω = to offer
χρήσιμο = *(adj. neut.)* useful	το πιο χρήσιμο = the most useful χρήσιμος - χρήσιμη - χρήσιμο
το δώρο = gift	
θα γίνει = he/she will become	*verb:* γίνομαι = *(pass. v.)* to take place, occur, come to be, become θα γίνω = *(inst. future)* I will become
έτοιμος = *(adj. masc.)* ready	έτοιμος - έτοιμη - έτοιμο
πάμε = let's go	*verb:* πάω / πηγαίνω = to go
η Ακρόπολη = the Acropolis	
τον βράχο = *(acc.)* the rock	ο βράχος = *(nom.)* rock
βγαίνει = comes out	*verb:* βγαίνω = to go out, come out, to exit
αλμυρό = *(adj. neut.)* salty	αλμυρός - αλμυρή - αλμυρό
καρφώνει το δόρυ της στον βράχο = she sticks her spear into the rock	*verb:* καρφώνω = to nail, to hammer sth in, to stick sth into sth
το δόρυ = spear	
φυτρώνει = it springs up	*verb:* φυτρώνω = to sprout up, germinate, spring up
η ελιά = olive tree	*also:* olive
άρα = therefore	
άχρηστο = *(adj. neut.)* useless	άχρηστος - άχρηστη - άχρηστο
δίνει = it gives	*verb:* δίνω = to give
η τροφή = food	
το λάδι = oil	
η ξυλεία = timber	
ακριβώς = *(adv.)* exactly, precisely	

από 'δώ και στο εξής = from this point on	*also:* από τώρα και στο εξής = from now on, [από 'δώ / από δω / από εδώ] και πέρα, [από 'δώ / από δω / από εδώ] και στο εξής
ο Παρθενώνας = the Parthenon	
ο ναός = temple	
βρίσκεται = is found, is located	*verb:* βρίσκομαι = I am found, I am located
παρθένα = *(fem.)* virgin	παρθένος - παρθένα - παρθένο
σύζυγο = *(acc.)* spouse	ο σύζυγος – η σύζυγος = *(nom.)* spouse
εραστή = *(acc. masc.)* lover	ο εραστής = male lover η ερωμένη = female lover, mistress
ρόλο = *(acc. masc.)* role	ο ρόλος = role παίζω ρόλο = to play a role παίζει μεγάλο ρόλο = she plays a big/ significant role
η Ιλιάδα = the Iliad	
η Οδύσσεια = the Odyssey	
περιγράφει = it describes	*verb:* περιγράφω = to describe
το ταξίδι = trip	
του Οδυσσέα = *(gen.)* of Odysseus (Ulysses)	ο Οδυσσέας *(nom.)*
η Ιθάκη = Ithaca	
να φτάσει = *(inst. sub.)* to arrive	*verb:* φτάνω = to arrive, to reach
η πατρίδα = homeland	
οι ήρωες = *(pl.)* heroes	ο ήρωας = hero η ηρωίδα = heroine
ο Αχιλλέας = Achilles	
ο Διομήδης = Diomedes	
ο Τηλέμαχος = Telemachus	
ο Περσέας = Perseus	
μεταξύ άλλων = among others	μεταξύ + *gen.* = among, between ανάμεσα σε + *acc.* = among, between
παρόλο που = even though	
της ειρήνης = *(gen.)* of peace	η ειρήνη = *(nom.)* peace
των τεχνών = *(gen. pl.)* of the arts	η τέχνη = *(nom.)* art

της γλυπτικής = *(gen.)* of sculpture	η γλυπτική = *(nom.)* sculpture (the art)
της αρχιτεκτονικής = *(gen.)* of architecture	η αρχιτεκτονική = *(nom.)* architecture
της ζωγραφικής = *(gen.)* of painting	η ζωγραφική = painting, drawing (the art)
σημαντική = *(fem.)* important	σημαντικός-σημαντική-σημαντικό πιο σημαντική = *(fem.)* more important η πιο σημαντική = *(fem.)* the most important
γιορτάζονται = they are celebrated	*verb:* γιορτάζομαι = *(pass. v.)* to be celebrated γιορτάζω = *(act. v.)* to celebrate
η κουκουβάγια = owl	
η γνώση = knowledge	*verb:* γνωρίζω = to know γνωστός - γνωστή - γνωστό = *(adj.)* known
η φιλία = friendship	ο φίλος = male friend η φίλη = female friend
φυσικά = *(adv.)* naturally, certainly	η φύση = nature

ΓΡΑΜΜΑΤΙΚΗ – GRAMMAR

Ας κλίνουμε μερικά από τα ουσιαστικά που βρίσκονται στο κείμενο. - Let's decline some of the nouns found in the text.

Αρσενικά – Masculine

Singular

Nom.	**ο Αθηναίος**	**ο βράχος**	**ο διαγωνισμός**
Gen.	του Αθηναίου	του βράχου	του διαγωνισμού
Acc.	τον Αθηναίο	τον βράχο	τον διαγωνισμό
Voc.	Αθηναίε	βράχε	διαγωνισμέ

Plural

Nom.	οι Αθηναίοι	οι βράχοι/ τα βράχια	οι διαγωνισμοί
Gen.	των Αθηναίων	των βράχων	των διαγωνισμών
Acc.	τους Αθηναίους	τους βράχους/ τα βράχια	τους διαγωνισμούς
Voc.	Αθηναίοι	βράχοι/ βράχια	διαγωνισμοί

Singular

Nom.	**ο εραστής**	**ο ήρωας**	**ο κάτοικος**
Gen.	του εραστή	του ήρωα	του κατοίκου
Acc.	τον εραστή	τον ήρωα	τον κάτοικο
Voc.	εραστή	ήρωα	κάτοικε

Plural

Nom.	οι εραστές	οι ήρωες	οι κάτοικοι
Gen.	των εραστών	των ηρώων	των κατοίκων
Acc.	τους εραστές	τους ήρωες	τους κατοίκους
Voc.	εραστές	ήρωες	κάτοικοι

Singular

Nom.	**ο μπαμπάς**	**ο ναός**	**ο ρόλος**
Gen.	του μπαμπά	του ναού	του ρόλου
Acc.	τον μπαμπά	τον ναό	τον ρόλο
Voc.	μπαμπά	ναέ	ρόλε

Plural

Nom.	οι μπαμπάδες	οι ναοί	οι ρόλοι
Gen.	των μπαμπάδων	των ναών	των ρόλων
Acc.	τους μπαμπάδες	τους ναούς	τους ρόλους
Voc.	μπαμπάδες	ναοί	ρόλοι

__Θηλυκά – Feminine__

Singular

Nom.	**η γιορτή**	**η γνώση**	**η ελιά**
Gen.	της γιορτής	της γνώσης	της ελιάς
Acc.	τη γιορτή	τη γνώση	την ελιά
Voc.	γιορτή	γνώση	ελιά

Plural

Nom.	οι γιορτές	οι γνώσεις	οι ελιές
Gen.	των γιορτών	των γνώσεων	των ελιών
Acc.	τις γιορτές	τις γνώσεις	τις ελιές
Voc.	γιορτές	γνώσεις	ελιές

	Singular		
Nom.	**η πατρίδα**	**η πόλη**	**η πρωτεύουσα**
Gen.	της πατρίδας	της πόλης	της πρωτεύουσας
Acc.	την πατρίδα	την πόλη	την πρωτεύουσα
Voc.	πατρίδα	πόλη	πρωτεύουσα

	Plural		
Nom.	οι πατρίδες	οι πόλεις	οι πρωτεύουσες
Gen.	των πατρίδων	των πόλεων	των πρωτευουσών
Acc.	τις πατρίδες	τις πόλεις	τις πρωτεύουσες
Voc.	πατρίδες	πόλεις	πρωτεύουσες

	Singular		
Nom.	**η στρατηγική**	**η τέχνη**	**η τροφή**
Gen.	της στρατηγικής	της τέχνης	της τροφής
Acc.	τη στρατηγική	την τέχνη	την τροφή
Voc.	στρατηγική	τέχνη	τροφή

	Plural		
Nom.	οι στρατηγικές	οι τέχνες	οι τροφές
Gen.	των στρατηγικών	των τεχνών	των τροφών
Acc.	τις στρατηγικές	τις τέχνες	τις τροφές
Voc.	στρατηγικές	τέχνες	τροφές

Ουδέτερα – Neuter

Singular

Nom.	**το δόρυ**	**το δώρο**	**το λάδι**	**το ταξίδι**
Gen.	του δόρατος	του δώρου	του λαδιού	του ταξιδιού
Acc.	το δόρυ	το δώρο	το λάδι	το ταξίδι
Voc.	δόρυ	δώρο	λάδι	ταξίδι

Plural

Nom.	τα δόρατα	τα δώρα	τα λάδια	τα ταξίδια
Gen.	των δοράτων	των δώρων	των λαδιών	των ταξιδιών
Acc.	τα δόρατα	τα δώρα	τα λάδια	τα ταξίδια
Voc.	δόρατα	δώρα	λάδια	ταξίδια

Τώρα ας κλίνουμε μερικά από τα ρήματα του κειμένου στον ενεστώτα. – Now let's conjugate some of the verbs found in the text in the present tense.

Ενεστώτας
Simple present

εγώ	**βγαίνω**	**δίνω**	**ενδιαφέρω**
εσύ	βγαίνεις	δίνεις	ενδιαφέρεις
αυτός	βγαίνει	δίνει	ενδιαφέρει
εμείς	βγαίνουμε	δίνουμε	ενδιαφέρουμε
εσείς	βγαίνετε	δίνετε	ενδιαφέρετε
αυτοί	βγαίνουν(ε)	δίνουν(ε)	ενδιαφέρουν(ε)

εγώ	**ζητάω / ζητώ**	**καρφώνω**	**ονομάζω**
εσύ	ζητάς	καρφώνεις	ονομάζεις
αυτός	ζητάει / ζητά	καρφώνει	ονομάζει
εμείς	ζητάμε / ζητούμε	καρφώνουμε	ονομάζουμε
εσείς	ζητάτε / ζητείτε	καρφώνετε	ονομάζετε
αυτοί	ζητάνε / ζητούν(ε)	καρφώνουν(ε)	ονομάζουν(ε)

εγώ	**προσφέρω**	**φοράω / φορώ**	**φυτρώνω**
εσύ	προσφέρεις	φοράς	φυτρώνεις
αυτός	προσφέρει	φοράει / φορά	φυτρώνει
εμείς	προσφέρουμε	φοράμε / φορούμε	φυτρώνουμε
εσείς	προσφέρετε	φοράτε	φυτρώνετε
αυτοί	προσφέρουν(ε)	φοράνε / φορούν(ε)	φυτρώνουν(ε)

Verbs in the passive voice

In the text, in addition to the verb **ονομάζω** *(to name)*, which is in the active voice and is conjugated above, we also have the passive voice **ονομάζομαι** *(to be named, to be called)*.

εγώ	**ονομάζομαι**
εσύ	ονομάζεσαι
αυτός	ονομάζεται
εμείς	ονομαζόμαστε
εσείς	ονομάζεστε/ ονομαζόσαστε*
αυτοί	ονομάζονται

* colloquial

In the text, Zeus tells Athena and Poseidon "'Οποιος προφέρει το πιο χρήσιμο δώρο στους κατοίκους, **θα γίνει** προστάτης της πόλης". This is the instantaneous future of the verb "*γίνομαι*" (to become) which we learned to conjugate in chapter 2 (Zeus). Let's revisit this very important verb and conjugate it in the <u>instantaneous future</u>.

	<u>*Ενεστώτας*</u> <u>***Simple present***</u>	<u>*Στιγμιαίος μέλλοντας*</u> <u>***Instantaneous future***</u>
εγώ	**γίνομαι**	**θα γίνω**
εσύ	γίνεσαι	θα γίνεις
αυτός	γίνεται	θα γίνει
εμείς	γινόμαστε	θα γίνουμε
εσείς	γίνεστε / γινόσαστε*	θα γίνετε
αυτοί	γίνονται	θα γίνουν(ε)

* colloquial

ΣΗΜΕΙΩΣΕΙΣ – NOTES

ΑΣΚΗΣΕΙΣ – EXERCISES

1. Σωστό ή λάθος; – True or false?

<u>Σωστό</u>   <u>Λάθος</u>

a. Η Αθηνά είναι η θεά της σοφίας, των τεχνών και της αγάπης. ☐ ☐

b. Η Αθηνά και ο Ποσειδώνας είναι αδέλφια. ☐ ☐

c. Η Αθηνά είναι η αγαπημένη κόρη του Δία. ☐ ☐

d. Ο Ποσειδώνας είναι μεγαλύτερος από την Αθηνά. ☐ ☐

e. Η Αθηνά και ο Δίας θέλουν να γίνουν προστάτες της ίδιας πόλης. ☐ ☐

f. Το δώρο της Αθηνάς στους Αθηναίους είναι μια ασπίδα. ☐ ☐

g. Ο Παρθενώνας είναι αφιερωμένος στη θεά Αθηνά. ☐ ☐

h. Η Αθηνά έχει πολλούς εραστές. ☐ ☐

i. Στον Τρωικό πόλεμο, η Αθηνά παίρνει το □ □
μέρος των Ελλήνων.

j. Η Αθηνά βοηθάει τον Οδυσσέα να γυρίσει □ □
στην Ιθάκη.

k. Η Οδύσσεια περιγράφει τον Τρωικό πόλεμο. □ □

2. Βάλε τα παρακάτω ουσιαστικά στον πληθυντικό. – Put the following nouns in the plural.

    e.g. η τέχνη   _____<u>οι τέχνες</u>_____

    a. ο πόλεμος   _____

    b. η θεά   _____

    c. ο θεός   _____

    d. η στρατηγική   _____

    e. η σχέση   _____

    f. η ασπίδα   _____

    g. η πανοπλία   _____

h. η πόλη _____

i. το δώρο _____

j. ο κάτοικος _____

k. ο βράχος _____

l. η προστάτιδα _____

m. η πρωτεύουσα _____

n. το νερό _____

o. ο διαγωνισμός _____

p. το δέντρο _____

q. η τροφή _____

r. το ταξίδι _____

s. το παλάτι _____

t. το βασίλειο _____

u. ο ναός _____

3. Αντιστοίχισε τις λέξεις στα αριστερά με το αντίθετό τους στα δεξιά.
– Match the words on the left with their opposite on the right.

a.	ειρήνη	μπροστά
b.	συνήθως	άχρηστο
c.	καλή	λίγες
d.	μεγαλύτερος	σπάνια
e.	χρήσιμο	ασήμαντη
f.	βγαίνει	κακή
g.	δίνει	παίρνει
h.	μεγάλο	πόλεμος
i.	πίσω	μικρότερος
j.	πολλές	μπαίνει
k.	σημαντική	μικρό

4. Βάλε τα παρακάτω στη γενική πτώση (στον ενικό, όπως είναι). – Put the following in the genitive case (in the singular, as they are).

a. η σοφή θεά ....

b. η αγαπημένη κόρη ....

c. ο μεγαλύτερος αδελφός ....

d. το χρήσιμο δώρο ....

e. το αλμυρό νερό ....

f. το μακρινό ταξίδι ....

g. ο αθλητικός αγώνας ....

h. η πολεμική στρατηγική ....

5. Βάλε τις λέξεις στη σωστή σειρά για να φτιάξεις προτάσεις. – Put the words in the right order to make sentences.

a. η – κόρη – Δία – Η – είναι – του – Αθηνά – αγαπημένη

b. Ακρόπολη – στην – Ο – βρίσκεται – Παρθενώνας

c. Ποσειδώνας – Αθήνα – Ο – κάνουν – η – και – την – Αθηνά – για – διαγωνισμό

d. τρίαινα – τον – Ποσειδώνας – με – βράχο – την – Ο – χτυπάει – του

e. Ο – είναι – Αθηνά – Παρθενώνας – στην – αφιερωμένος

f. | από – Αθηνάς – είναι – Η – σύμβολα – ένα – ελιά – της – τα |

g. | σοφία – τη – συμβολίζει – Η – και – τη – κουκουβάγια – γνώση |

h. | περιγράφει – του – Η – Ιθάκη – το – Οδύσσεια – στην – ταξίδι – Οδυσσέα |

i. | τον – Ιλιάδα – πόλεμο – Η – Τρωικό – περιγράφει |

6. Αντιστοίχισε τις ερωτήσεις με τις απαντήσεις τους. – Match the questions to their answers.

a. Ποια είναι τα Ομηρικά έπη;   i.   Τροφή, λάδι και ξυλεία.

b. Ποιος ναός είναι αφιερωμένος στην Αθηνά;   ii. Το ταξίδι του Οδυσσά.

c. Πού βρίσκεται ο Παρθενώνας;   iii. Ο Παρθενώνας.

d. Τι περιγράφει η Οδύσσεια;   iv. Τον Τρωικό πόλεμο.

e. Τι περιγράφει η Ιλιάδα;   v.   Η Ιλιάδα και η Οδύσσεια.

f. Τι προσφέρει η ελιά;   vi. Τα Παναθήναια.

g. Ποια γιορτή είναι αφιερωμένη στην Αθηνά; vii. Στην Ακρόπολη.

ΛΥΣΕΙΣ ΤΩΝ ΑΣΚΗΣΕΩΝ – ANSWERS TO THE EXERCISES

1. a. Λάθος, b. Λάθος, c. Σωστό, d. Σωστό, e. Λάθος, f. Λάθος, g. Σωστό, h. Λάθος, i. Σωστό, j. Σωστό, k. Λάθος

2.
   a. οι πόλεμοι
   b. οι θεές
   c. οι θεοί
   d. οι στρατηγικές
   e. οι σχέσεις
   f. οι ασπίδες
   g. οι πανοπλίες
   h. οι πόλεις
   i. τα δώρα
   j. οι κάτοικοι
   k. οι βράχοι/τα βράχια
   l. οι προστάτιδες
   m. οι πρωτεύουσες
   n. τα νερά
   o. οι διαγωνισμοί
   p. τα δέντρα
   q. οι τροφές
   r. τα ταξίδια
   s. τα παλάτια
   t. τα βασίλεια
   u. οι ναοί

3.
   a. ειρήνη – πόλεμος
   b. συνήθως – σπάνια
   c. καλή – κακή
   d. μεγαλύτερος – μικρότερος
   e. χρήσιμο – άχρηστο
   f. βγαίνει – μπαίνει
   g. δίνει – παίρνει
   h. μεγάλο – μικρό
   i. πίσω – μπροστά
   j. πολλές – λίγες
   k. σημαντική – ασήμαντη

4.
   a. της σοφής θεάς
   b. της αγαπημένης κόρης
   c. του μεγαλύτερου αδελφού
   d. του χρήσιμου δώρου
   e. του αλμυρού νερού
   f. του μακρινού ταξιδιού
   g. του αθλητικού αγώνα
   h. της πολεμικής στρατηγικής

5. a. Η Αθηνά είναι η αγαπημένη κόρη του Δία. /
   Η αγαπημένη κόρη του Δία είναι η Αθηνά.
   b. Ο Παρθενώνας βρίσκεται στην Ακρόπολη.
   c. Ο Ποσειδώνας και η Αθηνά κάνουν διαγωνισμό για την Αθήνα.
   d. Ο Ποσειδώνας χτυπάει με την τρίαινά του τον βράχο. /
   Ο Ποσειδώνας χτυπάει τον βράχο με την τρίαινά του.
   e. Ο Παρθενώνας είναι αφιερωμένος στην Αθηνά.
   f. Η ελιά είναι ένα από τα σύμβολα της Αθηνάς.
   g. Η κουκουβάγια συμβολίζει τη γνώση και τη σοφία. /
   Η κουκουβάγια συμβολίζει τη σοφία και τη γνώση.
   h. Η Οδύσσεια περιγράφει το ταξίδι του Οδυσσέα στην Ιθάκη.
   i. Η Ιλιάδα περιγράφει τον Τρωικό πόλεμο.

6. a. v. Η Ιλιάδα και η Οδύσσεια.
   b. iii. Ο Παρθενώνας.
   c. vii. Στην Ακρόπολη.
   d. ii. Το ταξίδι του Οδυσσέα.
   e. iv. Τον Τρωικό πόλεμο.
   f. i. Τροφή, λάδι και ξυλεία.
   g. vi. Τα Παναθήναια.

6. Ο Άρης
Ares

Ο Άρης είναι ο θεός του πολέμου, της **βίας** και του **μίσους**. Φοράει πάντα πανοπλία και κρατάει **όπλα**. Πατέρας του είναι ο Δίας και μητέρα του είναι η Ήρα. Του αρέσει να κάνει τους ανθρώπους να **μαλώνουν**, να **μισούν** ο ένας τον άλλον και να πολεμούν μεταξύ τους.

Όλοι οι θεοί **αντιπαθούν** τον Άρη, εκτός από την Αφροδίτη που είναι **ερωμένη** του.

Άρης: Όλοι με μισούν.

Αφροδίτη: Όχι όλοι! Εγώ δεν σε μισώ.

Άρης: Μόνο εσύ μ' αγαπάς. Ακόμα κι ο πατέρας μου, ο Δίας, με αντιπαθεί. Λέει ότι είμαι πολύ **επιθετικός**.

Αφροδίτη: **Έτσι είναι**. Μόνο τον πόλεμο έχεις στο **μυαλό** σου.

Άρης: Τον πόλεμο κι εσένα.

Αφροδίτη: Όλο έτσι λες αλλά ποτέ δεν μου **φέρνεις** ούτε ένα **λουλούδι**.

Άρης: Λουλούδι; Μη λες **χαζομάρες**! Είμαι ο θεός του πολέμου, όχι των λουλουδιών! **Ορίστε**, σου **χαρίζω** ένα **σπαθί**.

Αφροδίτη: Ο Ήφαιστος, ο **άντρας** μου, είναι πιο **ρομαντικός**!

Άρης: Τότε πήγαινε στον άντρα σου!

Στον Τρωικό πόλεμο, ο Άρης είναι με το μέρος των Τρώων, γι' αυτό μαλώνει **συνέχεια** με την Αθηνά, η οποία **υποστηρίζει** τους Έλληνες.

Παρόλο που **και ο Άρης και η Αθηνά** είναι θεοί του πολέμου, υπάρχει μια **τεράστια διαφορά** μεταξύ τους: η θεά Αθηνά πιστεύει ότι για να **νικήσει** κάποιος στον πόλεμο, πρέπει να **χρησιμοποιήσει** το μυαλό του, ενώ ο Άρης πιστεύει ότι μόνο με τη βία μπορεί κανείς να νικήσει.

Σύμβολα του θεού Άρη είναι το **φίδι**, το δόρυ, η ασπίδα και ο **πυρσός**.

ΛΕΞΙΛΟΓΙΟ – VOCABULARY

της βίας = *(gen.)* of violence	η βία = *(nom.)* violence
του μίσους = *(gen.)* of hate	το μίσος = hate
τα όπλα = weapons	το όπλο = *(sing.)* weapon
να μαλώνουν = *(cont. sub.)* to quarrel	*verb:* μαλώνω = to argue, to quarrel
να μισούν = *(cont. sub.)* to hate	*verb:* μισώ = to hate
αντιπαθούν = they detest	*verb:* αντιπαθώ = to dislike, to detest
η ερωμένη = mistress	
επιθετικός = *(adj. masc.)* aggressive	επιθετικός-επιθετική-επιθετικό η επίθεση = *(n.)* attack *verb:* επιτίθεμαι = to attack
έτσι είναι = it is so, it is true	
το μυαλό = the mind	
φέρνεις = you bring	*verb:* φέρνω = to bring
το λουλούδι = flower	ποτέ δεν μου φέρνεις ούτε ένα λουλούδι = you never even bring me a flower (*literally:* you never bring me not even a flower)
οι χαζομάρες = nonsense	η χαζομάρα = *(sing.)* nonsense, baloney *also:* stupidity, silliness
ορίστε = here you go	
χαρίζω = to offer as a gift	
το σπαθί = sword	
ο άντρας μου = my husband	ο άντρας = man, *(colloq.)* husband When followed by a possessive pronoun (μου, σου, του) as in this text, it means husband (my/your/his husband). *also spelled:* ο άνδρας
ρομαντικός = *(adj. masc.)* romantic	ρομαντικός - ρομαντική - ρομαντικό
συνέχεια = *(adv.)* all the time, continuously	

υποστηρίζει = she supports	*verb:* υποστηρίζω = to support, to advocate, to side with sb
και ο Άρης και η Αθηνά = both Ares and Athena	και το Α και το Β = both A and B
τεράστια = *(adj. fem.)* huge	τεράστιος - τεράστια - τεράστιο
η διαφορά = difference	
για να νικήσει = *(inst. sub.)* in order to win	*verb:* νικάω / νικώ = to win
να χρησιμοποιήσει = *(inst. sub.)* to use	*verb:* χρησιμοποιώ = to win
το φίδι = snake	
ο πυρσός = torch	

ΓΡΑΜΜΑΤΙΚΗ – GRAMMAR

Ας κλίνουμε μερικά από τα ουσιαστικά που βρίσκονται στο κείμενο. - Let's decline some of the nouns found in the text.

Αρσενικά – Masculine

Singular

Nom.	**ο άντρας**	**ο πατέρας**	**ο πυρσός**
Gen.	του άντρα	του πατέρα	του πυρσού
Acc.	τον άντρα	τον πατέρα	τον πυρσό
Voc.	άντρα	πατέρα	πυρσέ

Plural

Nom.	οι άντρες	οι πατεράδες / πατέρες*	οι πυρσοί
Gen.	των αντρών	των πατεράδων / πατέρων*	των πυρσών
Acc.	τους άντρες	τους πατεράδες / πατέρες*	τους πυρσούς
Voc.	άντρες	πατεράδες / πατέρες*	πυρσοί

Θηλυκά – Feminine

Singular

Nom.	**η ασπίδα**	**η διαφορά**
Gen.	της ασπίδας	της διαφοράς
Acc.	την ασπίδα	τη διαφορά
Voc.	ασπίδα	διαφορά

Plural

Nom.	οι ασπίδες	οι διαφορές
Gen.	των ασπίδων	των διαφορών
Acc.	τις ασπίδες	τις διαφορές
Voc.	ασπίδες	διαφορές

* used only when referring to priests

Ουδέτερα – Neuter

Singular

Nom.	**το λουλούδι**	**το μυαλό**	**το όπλο**
Gen.	του λουλουδιού	του μυαλού	του όπλου
Acc.	το λουλούδι	το μυαλό	το όπλο
Voc.	λουλούδι	μυαλό	όπλο

Plural

Nom.	τα λουλούδια	τα μυαλά	τα όπλα
Gen.	των λουλουδιών	των μυαλών	των όπλων
Acc.	τα λουλούδια	τα μυαλά	τα όπλα
Voc.	λουλούδια	μυαλά	όπλα

Singular

Nom.	**το σπαθί**	**το φίδι**
Gen.	του σπαθιού	του φιδιού
Acc.	το σπαθί	το φίδι
Voc.	σπαθί	φίδι

Plural

Nom.	τα σπαθιά	τα φίδια
Gen.	των σπαθιών	των φιδιών
Acc.	τα σπαθιά	τα φίδια
Voc.	σπαθιά	φίδια

Τώρα ας κλίνουμε μερικά από τα ρήματα του κειμένου στον ενεστώτα. – Now let's conjugate some of the verbs found in the text in the present tense.

Ενεστώτας
Simple present

εγώ	**αντιπαθώ**	**μαλώνω**	**μισώ**
εσύ	αντιπαθείς	μαλώνεις	μισείς
αυτός	αντιπαθεί	μαλώνει	μισεί
εμείς	αντιπαθούμε	μαλώνουμε	μισούμε
εσείς	αντιπαθείτε	μαλώνετε	μισείτε
αυτοί	αντιπαθούν(ε)	μαλώνουν(ε)	μισούν(ε)

εγώ	**νικάω / νικώ**	**πολεμάω / πολεμώ**	**υποστηρίζω**
εσύ	νικάς	πολεμάς	υποστηρίζεις
αυτός	νικάει / νικά	πολεμάει / πολεμά	υποστηρίζει
εμείς	νικάμε / νικούμε	πολεμάμε / πολεμούμε	υποστηρίζουμε
εσείς	νικάτε	πολεμάτε	υποστηρίζετε
αυτοί	νικάνε / νικούν(ε)	πολεμάνε / πολεμούν(ε)	υποστηρίζουν(ε)

εγώ	**φέρνω**	**χαρίζω**	**χρησιμοποιώ**
εσύ	φέρνεις	χαρίζεις	χρησιμοποιείς
αυτός	φέρνει	χαρίζει	χρησιμοποιεί
εμείς	φέρνουμε	χαρίζουμε	χρησιμοποιούμε
εσείς	φέρνετε	χαρίζετε	χρησιμοποιείτε
αυτοί	φέρνουν(ε)	χαρίζουν(ε)	χρησιμοποιούν(ε)

ΣΗΜΕΙΩΣΕΙΣ – NOTES

ΑΣΚΗΣΕΙΣ – EXERCISES

1. Σωστό ή λάθος; – True or false?

		Σωστό	**Λάθος**
a.	Ο Άρης είναι ο θεός της βίας και της στρατηγικής στον πόλεμο.	☐	☐
b.	Ο Άρης είναι γιος του Ποσειδώνα και της Αμφιτρίτης.	☐	☐
c.	Όλοι οι θεοί αντιπαθούν τον Άρη εκτός από την Άρτεμη.	☐	☐
d.	Στον Τρωικό πόλεμο, ο Άρης είναι με το μέρος των Τρώων.	☐	☐
e.	Ο Άρης κάνει τους ανθρώπους να μαλώνουν μεταξύ τους.	☐	☐
f.	Ο Άρης είναι ο αγαπημένος γιος του Δία.	☐	☐
g.	Ο Άρης μαλώνει συνέχεια με την Αθηνά στον Τρωικό πόλεμο.	☐	☐
h.	Ο Άρης είναι εραστής της Αφροδίτης.	☐	☐
i.	Ο Δίας πιστεύει ότι ο Άρης είναι λίγο επιθετικός.	☐	☐

2. Βάλε τα παρακάτω ουσιαστικά στον ενικό. – Put the following nouns in the singular.

a. τα όπλα _____

b. οι άνθρωποι _____

c. οι άντρες _____

d. τα σπαθιά _____

e. τα λουλούδια _____

f. οι πόλεμοι _____

g. οι χαζομάρες _____

h. οι Έλληνες _____

i. οι διαφορές _____

3. Συμπλήρωσε τα κενά με τη σωστή λέξη. – Fill in the blanks with the right word.

> *αντιπαθούν - βίας - ρομαντικός - πολέμου - φοράει - παντρεμένη - μυαλό - επιθετικός*

a. Ο Άρης _____ πανοπλία.

b. Ο Άρης έχει στο _____ του μόνο τον πόλεμο.

c. Ο Άρης κάνει τους _____ να μισούν ο ένας τον άλλον.

d. Οι θεοί _____ τον Άρη.

e. Η Αφροδίτη είναι _____ με τον Ήφαιστο.

f. Ο Άρης είναι ο θεός του _____ και της _____.

g. Ο Άρης είναι πολύ _____ και καθόλου _____.

4. Βάλε τα ρήματα στο 1ο ενικό πρόσωπο. – Put the verbs in the 1st person singular and in the 1st person plural.

e.g.	είναι	είμαι	είμαστε
a.	φοράει		
b.	κρατάει		
c.	αρέσει		
d.	μαλώνουν		
e.	μισούν		
f.	πολεμούν		
g.	αντιπαθούν		
h.	αγαπάς		
i.	λέει		
j.	έχεις		
k.	φέρνεις		
l.	χαρίζει		
m.	υποστηρίζει		
n.	υπάρχει		
o.	πιστεύει		
p.	χρησιμοποιεί		

5. Αντιστοίχισε κάθε λέξη στα αριστερά με το αντίθετό της στα δεξιά. – Match each word on the left with its opposite on the right.

a.	πόλεμος	ομοιότητα
b.	μίσος	μικροσκοπική
c.	διαφορά	συμπαθούν
d.	αντιπαθούν	χάνω
e.	τεράστια	ειρήνη
f.	νικάω	αγάπη

6. Συμπλήρωσε τα κενά με τα ουσιαστικά στη σωστή πτώση. – Fill in the blanks with the nouns in the right case.

a. Ο Άρης είναι ο θεός _____. *(ο πόλεμος)*

b. Ο Άρης κάνει _____ να μαλώνουν μεταξύ τους. *(οι άνθρωποι)*

c. Ο Άρης έχει στο μυαλό του μόνο _____ και _____. *(ο πόλεμος, η Αφροδίτη)*

d. Ο Άρης είναι εραστής _____. *(η Αφροδίτη)*

e. Η Αφροδίτη είναι παντρεμένη με _____. *(ο Ήφαιστος)*

f. Στον Τρωικό πόλεμο, ο Άρης είναι με το μέρος _____. *(οι Τρώες)*

g. Στον Τρωικό πόλεμο, η Αθηνά υποστηρίζει _____. *(οι Έλληνες)*

h. Ο Άρης μαλώνει συνέχεια με _____. *(η Αθηνά)*

i. Ένα από τα σύμβολα _____ είναι ο πυρσός. *(ο Άρης)*

ΛΥΣΕΙΣ ΤΩΝ ΑΣΚΗΣΕΩΝ – ANSWERS TO THE EXERCISES

1. a. Λάθος, b. Λάθος, c. Λάθος, d. Σωστό, e. Σωστό, f. Λάθος, g. Σωστό, h. Σωστό, i. Λάθος

2. a. το όπλο, b. ο άνθρωπος, c. ο άντρας, d. το σπαθί, e. το λουλούδι, f. ο πόλεμος, g. η χαζομάρα, h. ο Έλληνας, i. η διαφορά

3. a. φοράει, b. μυαλό, c. ανθρώπους, d. αντιπαθούν, e. παντρεμένη, f. πολέμου, βίας, g. επιθετικός, ρομαντικός

4. a. φοράω/φορώ, φοράμε/φορούμε
   b. κρατάω/κρατώ, κρατάμε/κρατούμε
   c. αρέσω, αρέσουμε
   d. μαλώνω, μαλώνουμε
   e. μισώ, μισούμε
   f. πολεμάω/πολεμώ, πολεμάμε/πολεμούμε
   g. αντιπαθώ, αντιπαθούμε
   h. αγαπάω/αγαπώ, αγαπάμε/αγαπούμε
   i. λέω, λέμε
   j. έχω, έχουμε
   k. φέρνω, φέρνουμε
   l. χαρίζω, χαρίζουμε
   m. υποστηρίζω, υποστηρίζουμε
   n. υπάρχω, υπάρχουμε
   o. πιστεύω, πιστεύουμε
   p. χρησιμοποιώ, χρησιμοποιούμε

5. a. πόλεμος – ειρήνη
   b. μίσος – αγάπη
   c. διαφορά – ομοιότητα
   d. αντιπαθούν – συμπαθούν
   e. τεράστια – μικροσκοπική
   f. νικάω – χάνω

6. a. του πολέμου
   b. τους ανθρώπους
   c. τον πόλεμο, την Αφροδίτη
   d. της Αφροδίτης
   e. τον Ήφαιστο
   f. των Τρώων
   g. τους Έλληνες
   h. την Αθηνά
   i. του Άρη

7. Η Αφροδίτη
Aphrodite

Η Αφροδίτη είναι η θεά της **ομορφιάς** και του **έρωτα**. Είναι παντρεμένη με τον θεό Ήφαιστο. Επειδή η Αφροδίτη είναι πάρα πολύ **όμορφη**, τη **θαυμάζουν** όλοι οι θεοί και οι άνθρωποι. Η Ήρα και η Αθηνά, όμως, τη ζηλεύουν. Πιστεύουν ότι είναι **ομορφότερες** από την Αφροδίτη.

Αθηνά: Εγώ είμαι **η πιο όμορφη**. Είμαι και σοφή και όμορφη.

Ήρα: Πώς **τολμάς**; Εγώ, η βασίλισσα των θεών, είμαι πιο όμορφη από όλες.

Αφροδίτη: Όλοι ξέρουν ότι εγώ είμαι η ομορφότερη. Εσύ τι λες, Έριδα;

Έριδα: Εγώ **προτείνω** να κάνετε διαγωνισμό. **Κριτής** θα είναι ο Πάρης.

Αθηνά: Ποιος Πάρης; Το **βασιλόπουλο** της Τροίας; Μα αυτός **δεν είναι καν θεός**.

Έριδα: **Δεν πειράζει**. Είναι δίκαιος κριτής. **Να τος**! Πάρη, από 'δω η θεά Ήρα, η θεά Αθηνά και η θεά Αφροδίτη. Ορίστε ένα μήλο· μπορείς να το δώσεις ως **βραβείο** στη **νικήτρια**.

Πάρης: Καλημέρα σας, θεές μου. **Δέχομαι δωροδοκίες**.

Αφροδίτη: Ωραία! Πάρη, αν με **διαλέξεις**, σου **υπόσχομαι** την πιο ωραία γυναίκα της Ελλάδας.

Πάρης: Ναι; Εντάξει. Αγαπητές θεές, η Αφροδίτη είναι η πιο όμορφη θεά και η νικήτρια του διαγωνισμού!

Ήρα: Τι; **Κιόλας**;

Αφροδίτη: Φυσικά. Δε **χρειάζεται περισσότερος** χρόνος, **αφού** είμαι **ξεκάθαρα** η πιο όμορφη. Ευχαριστώ, Πάρη. Είσαι **πράγματι** δίκαιος κριτής.

Πάρης: Ορίστε το μήλο, θεά μου. Λοιπόν, ποια είναι η πιο ωραία γυναίκα της Ελλάδας;

Αφροδίτη: Είναι η Ωραία Ελένη, η σύζυγος του Μενελάου, του βασιλιά της Σπάρτης.

Πάρης: Πάμε στη Σπάρτη τώρα αμέσως! Η Ωραία Ελένη **θα γίνει δική μου**. Δεν **φοβάμαι** τίποτα και κανέναν.

Αφροδίτη: Πάμε.

Λίγες μέρες αργότερα...

Μενέλαος: Ελένη! Πού είσαι; Ελένη!

Υπηρέτης: Δεν είναι εδώ, βασιλιά μου. Είναι με τον Πάρη, τον πρίγκιπα της Τροίας.

Μενέλαος: Τι; Είναι με άλλον; **Προσβολή**! **Ντροπή**! Πού είναι ο αδελφός μου, ο Αγαμέμνονας; Αγαμέμνονα!

Αγαμέμνονας: Τι **φωνάζεις**; Εδώ είμαι.

Μενέλαος: **Ξεκινάμε** για την Τροία!

Αγαμέμνονας: **Ταξίδι αναψυχής** ή **εκστρατεία**;

Μενέλαος: Εκστρατεία! Πόλεμο! Η γυναίκα μου είναι στην Τροία με τον Πάρη! Πρέπει να την πάρω πίσω.

Έτσι ξεκινάει ο Τρωικός πόλεμος.

Η Αφροδίτη έχει έναν μικρό γιο, τον φτερωτό θεό **Έρωτα.** Ο Έρωτας (Έρως στα αρχαία ελληνικά) κρατάει στα χέρια του ένα **τόξο** με χρυσά **βέλη** και **πετάει αόρατος** ανάμεσα στους ανθρώπους. Όταν θέλει να κάνει έναν άνθρωπο να **ερωτευτεί**, **ρίχνει** ένα βέλος στην καρδιά του. Η Αφροδίτη έχει επίσης έναν γιο με τον Ερμή. Εκείνος ο γιος λέγεται **Ερμαφρόδιτος**, από τα ονόματα των **γονιών** του.

Η Αφροδίτη **λατρεύεται** σε **διάφορα** μέρη, ιδίως στα **λιμάνια**, όπου **θεωρείται** προστάτιδα των **ναυτικών**. Σύμβολά της είναι το **περιστέρι**, το μήλο, η **μυρτιά**, το **τριαντάφυλλο** και ο φτερωτός έρωτας.

ΛΕΞΙΛΟΓΙΟ – VOCABULARY

της ομορφιάς = *(gen.)* of beauty	η ομορφιά = *(nom.)* beauty
του έρωτα = *(gen.)* of love	ο έρωτας = *(nom.)* romantic love
όμορφη = *(adj. fem.)* beautiful	όμορφος - όμορφη - όμορφο
θαυμάζουν = they admire	*verb:* θαυμάζω = to admire
ομορφότερες = *(comparative, fem. pl.)* more beautiful *same as:* πιο όμορφες	ομορφότερος - ομορφότερη - ομορφότερο *same as:* πιο όμορφος - πιο όμορφη - πιο όμορφο
η πιο όμορφη = *(superlative)* the most beautiful *same as:* η ομορφότερη	
τολμάς = you dare	πώς τολμάς; = how dare you? *verb:* τολμάω / τολμώ = to dare
προτείνω = I propose	*verb:* προτείνω = to suggest, to propose
ο κριτής = judge *(for contests, not for court)*	
το βασιλόπουλο = young prince	η βασιλοπούλα = young princess ο πρίγκιπας = prince η πριγκίπισσα = princess
δεν είναι καν θεός = he's not even a god	καν = ούτε καν = not even
δεν πειράζει = it doesn't matter	
να τος = here he is, there he is	
το βραβείο = prize, award	
η νικήτρια = *(fem.)* winner	ο νικητής = *(masc.)* winner
δέχομαι = I accept	*verb:* δέχομαι = to accept, to receive
οι δωροδοκίες = bribes	η δωροδοκία = bribery, bribe
αν με διαλέξεις = if you choose me	*verb:* διαλέγω = to choose, select
σου υπόσχομαι = I promise you	*verb:* υπόσχομαι = to promise
κιόλας = already	
χρειάζεται = is needed	*verb:* χρειάζομαι = to need
περισσότερος = *(comparative of* πολύς*)* more	περισσότερος - περισσότερη - περισσότερο
αφού = since, considering that	
ξεκάθαρα = *(adv.)* clearly	
πράγματι = *(adv.)* really, indeed	*syn.:* πραγματικά

θα γίνει δική μου = she will become mine	*verb:* γίνομαι = to become
δεν φοβάμαι = I am not afraid	*verb:* φοβάμαι = to be afraid, to be scared
η προσβολή = insult	
η ντροπή = shame	
φωνάζεις = you shout/ you are shouting	*verb:* φωνάζω = to shout, to yell
ξεκινάμε = we set off	*verb:* ξεκινάω / ξεκινώ = to begin, to set off
το ταξίδι αναψυχής = pleasure trip	η αναψυχή = recreation, pleasure
η εκστρατεία = campaign, quest	
τον Έρωτα = *(acc.)* Eros	ο Έρωτας = *(nom.)* Eros (the equivalent of Cupid)
το τόξο = bow *also:* arc	
τα βέλη = arrows	το βέλος = *(sing.)* arrow
πετάει = he flies	*verb:* πετάω/πετώ = to fly *also:* to throw, throw away
αόρατος = *(masc.)* invisible	αόρατος - αόρατη - αόρατο η όραση = vision, eyesight
να ερωτευτεί = *(inst. sub.)* to fall in love	ερωτεύομαι = to fall in love
ρίχνει = he throws	*verb:* ρίχνω = to throw *also:* to drop
ο Ερμαφρόδιτος = Hermaphroditus	*origin of the word* hermaphrodite
των γονιών του = *(gen. pl.)* of his parents	ο γονιός/ο γονέας = *(nom. sing.)* parent οι γονείς = *(nom. pl.)* parents
λατρεύεται = is worshipped	*verb:* λατρεύω = *(act. v.)* to worship, to adore *verb:* λατρεύομαι = *(pass. v.)* to be worshipped, to be adored
διάφορα = *(neut. pl.)* various	διάφοροι - διάφορες - διάφορα
τα λιμάνια = ports	το λιμάνι = port
θεωρείται = she is considered	*verb:* θεωρώ = *(act. v.)* to consider *verb:* θεωρούμαι = *(pass. v.)* to be considered
των ναυτικών = *(gen. pl.)* of seamen	ο ναυτικός = *(nom. sing.)* seaman
το περιστέρι = dove *also:* pigeon	
η μυρτιά = myrtle	
το τριαντάφυλλο = rose	

ΓΡΑΜΜΑΤΙΚΗ – GRAMMAR

Ας κλίνουμε μερικά από τα ουσιαστικά που βρίσκονται στο κείμενο. - Let's decline some of the nouns found in the text.

Αρσενικά – Masculine

Singular

Nom.	**ο κριτής**	**ο πρίγκιπας**
Gen.	του κριτή	του πρίγκιπα
Acc.	τον κριτή	τον πρίγκιπα
Voc.	κριτή	πρίγκιπα

Plural

Nom.	οι κριτές	οι πρίγκιπες
Gen.	των κριτών	των πριγκίπων
Acc.	τους κριτές	τους πρίγκιπες
Voc.	κριτές	πρίγκιπες

Θηλυκά – Feminine

Singular

Nom.	**η δωροδοκία**	**η εκστρατεία**	**η καρδιά**	**η προσβολή**
Gen.	της δωροδοκίας	της εκστρατείας	της καρδιάς	της προσβολής
Acc.	τη δωροδοκία	την εκστρατεία	την καρδιά	την προσβολή
Voc.	δωροδοκία	εκστρατεία	καρδιά	προσβολή

Plural

Nom.	οι δωροδοκίες	οι εκστρατείες	οι καρδιές	οι προσβολές
Gen.	των δωροδοκιών	των εκστρατειών	των καρδιών	των προσβολών
Acc.	τις δωροδοκίες	τις εκστρατείες	τις καρδιές	τις προσβολές
Voc.	δωροδοκίες	εκστρατείες	καρδιές	προσβολές

Ουδέτερα – Neuter

Singular

Nom.	**το βέλος**	**το βραβείο**	**το λιμάνι**	**το μήλο**
Gen.	του βέλους	του βραβείου	του λιμανιού	του μήλου
Acc.	το βέλος	το βραβείο	το λιμάνι	το μήλο
Voc.	βέλος	βραβείο	λιμάνι	μήλο

Plural

Nom.	τα βέλη	τα βραβεία	τα λιμάνια	τα μήλα
Gen.	των βελών	των βραβείων	των λιμανιών	των μήλων
Acc.	τα βέλη	τα βραβεία	τα λιμάνια	τα μήλα
Voc.	βέλη	βραβεία	λιμάνια	μήλα

Singular

Nom.	**το όνομα**	**το περιστέρι**	**το τόξο**	**το χέρι**
Gen.	του ονόματος	του περιστεριού	του τόξου	του χεριού
Acc.	το όνομα	το περιστέρι	το τόξο	το χέρι
Voc.	όνομα	περιστέρι	τόξο	χέρι

Plural

Nom.	τα ονόματα	τα περιστέρια	τα τόξα	τα χέρια
Gen.	των ονομάτων	των περιστεριών	των τόξων	των χεριών
Acc.	τα ονόματα	τα περιστέρια	τα τόξα	τα χέρια
Voc.	ονόματα	περιστέρια	τόξα	χέρια

Τώρα ας κλίνουμε μερικά από τα ρήματα του κειμένου στον ενεστώτα. – Now let's conjugate some of the verbs found in the text in the present tense.

Ενεστώτας
Simple present

εγώ	**διαλέγω**	**δίνω**	**ευχαριστώ**
εσύ	διαλέγεις	δίνεις	ευχαριστείς
αυτός	διαλέγει	δίνει	ευχαριστεί
εμείς	διαλέγουμε	δίνουμε	ευχαριστούμε
εσείς	διαλέγετε	δίνετε	ευχαριστείτε
αυτοί	διαλέγουν(ε)	δίνουν(ε)	ευχαριστούν(ε)

εγώ	**θαυμάζω**	**ξεκινάω / ξεκινώ**	**πετάω / πετώ**
εσύ	θαυμάζεις	ξεκινάς	πετάς
αυτός	θαυμάζει	ξεκινάει / ξεκινά	πετάει / πετά
εμείς	θαυμάζουμε	ξεκινάμε / ξεκινούμε	πετάμε / πετούμε
εσείς	θαυμάζετε	ξεκινάτε	πετάτε
αυτοί	θαυμάζουν(ε)	ξεκινάνε / ξεκινούν(ε)	πετάνε / πετούν(ε)

εγώ	**προτείνω**	**τολμάω / τολμώ**	**φωνάζω**
εσύ	προτείνεις	τολμάς	φωνάζεις
αυτός	προτείνει	τολμάει / τολμά	φωνάζει
εμείς	προτείνουμε	τολμάμε / τολμούμε	φωνάζουμε
εσείς	προτείνετε	τολμάτε	φωνάζετε
αυτοί	προτείνουν(ε)	τολμάνε / τολμούν(ε)	φωνάζουν(ε)

Verbs in the passive voice

εγώ	**δέχομαι**	**θεωρούμαι****	**λατρεύομαι****
εσύ	δέχεσαι	θεωρείσαι	λατρεύεσαι
αυτός	δέχεται	θεωρείται	λατρεύεται
εμείς	δεχόμαστε	θεωρούμασατε	λατρευόμαστε
εσείς	δέχεστε / δεχόσαστε*	θεωρείστε	λατρεύεστε / λατρευόσαστε*
αυτοί	δέχονται	θεωρούνται	λατρεύονται

* *colloquial*

** We saw the verbs ***θεωρώ*** *(to consider, to regard as)* and ***λατρεύω*** *(to worship, to adore)*, which are in the active voice, in chapter 3–Hera and chapter 2–Zeus, respectively. In this chapter we have them in the passive voice: ***θεωρούμαι*** and ***λατρεύομαι***.

εγώ	**υπόσχομαι**	**φοβάμαι**	**χρειάζομαι**
εσύ	υπόσχεσαι	φοβάσαι	χρειάζεσαι
αυτός	υπόσχεται	φοβάται	χρειάζεται
εμείς	υποσχόμαστε	φοβόμαστε	χρειαζόμαστε
εσείς	υπόσχεστε / υποσχόσαστε*	φοβάστε / φοβόσαστε*	χρειάζεστε / χρειαζόσαστε*
αυτοί	υπόσχονται	φοβούνται	χρειάζονται

* colloquial

ΣΗΜΕΙΩΣΕΙΣ – NOTES

ΑΣΚΗΣΕΙΣ – EXERCISES

1. Σωστό ή λάθος; – True or false?

		Σωστό	**Λάθος**
a.	Η Αφροδίτη είναι παντρεμένη με τον Άρη.	☐	☐
b.	Επειδή η Αφροδίτη είναι όμορφη, τη ζηλεύουν όλοι οι θεοί και οι άνθρωποι.	☐	☐
c.	Η Αφροδίτη είναι η θεά της ομορφιάς και της θάλασσας.	☐	☐
d.	Η Αφροδίτη υπόσχεται να δώσει στον Πάρη την πιο όμορφη γυναίκα της Τροίας.	☐	☐
e.	Η Ωραία Ελένη είναι η βασίλισσα της Σπάρτης.	☐	☐
f.	Η Ωραία Ελένη είναι παντρεμένη με τον Αγαμέμνονα.	☐	☐
g.	Ο Μενέλαος και ο Αγαμέμνονας είναι αδέλφια.	☐	☐
h.	Ο Μενέλαος είναι ο βασιλιάς της Τροίας.	☐	☐

i. Ο θεός Έρωτας είναι γιος της Αφροδίτης. ☐ ☐

j. Ο Ερμαφρόδιτος είναι γιος της Αφροδίτης και ☐ ☐
του Ερμή.

2. Βάλε τα ουσιαστικά στον πληθυντικό. – Put the nouns in the plural.

a. η θεά _____

b. ο διαγωνισμός _____

c. ο κριτής _____

d. το βασιλόπουλο _____

e. το μήλο _____

f. η νικήτρια _____

g. η γυναίκα _____

h. η σύζυγος _____

i. ο βασιλιάς _____

j. η προσβολή _____

k. η εκστρατεία _____

l. ο αδελφός _____

m. το τόξο _____

n. το βέλος _____

o. η καρδιά _____

p. ο γιος _____

q. το περιστέρι _____

r. το τριαντάφυλλο _____

s. το όνομα _____

t. το λιμάνι _____

3. Συμπλήρωσε τα κενά με τα ρήματα στο 3º ενικό πρόσωπο. – Fill in the blanks with the verbs in the 3rd person singular.

e.g. Η Αφροδίτη ____είναι____ η θεά της ομορφιάς. *(είμαι)*

a. Η Αθηνά _____ ότι είναι η πιο όμορφη και η πιο σοφή θεά. *(πιστεύω)*

b. Η Έριδα _____ να γίνει ένας διαγωνισμός ομορφιάς ανάμεσα στην Ήρα, την Αθηνά και την Αφροδίτη. *(προτείνω)*

c. Η Αφροδίτη _____ στον Πάρη να του δώσει την ωραιότερη γυναίκα της Ελλάδας. *(υπόσχομαι)*

d. Ο Πάρης _____ την Αφροδίτη ως την ομορφότερη θεά. *(διαλέγω)*

e. Ο Πάρης _____ το μήλο στην Αφροδίτη. *(δίνω)*

f. Ο Μενέλαος _____ μια εκστρατεία στην Τροία για να πάρει πίσω την Ωραία Ελένη. *(κάνω)*

g. Έτσι _____ ο Τρωικός πόλεμος. *(ξεκινάω/ξεκινώ)*

4. Ξαναγράψε τις προτάσεις βάζοντας τα ρήματα στο σωστό πρόσωπο. – Rewrite the sentences, putting the verbs in the correct person.

e.g. Η Αφροδίτη <u>είμαστε</u> η θεά της ομορφιάς.

<u>Η Αφροδίτη είναι η θεά της ομορφιάς.</u> _ _ _ _ _ _ _ _ _ _ _

a. Η Αφροδίτη <u>αγαπάτε</u> τον Άρη.

---

b. Ο Πάρης <u>δεχόμαστε</u> δωροδοκίες από τις τρεις θεές για τον διαγωνισμό ομορφιάς.

---

c. Όλοι οι θεοί και οι άνθρωποι <u>θαυμάζεις</u> την Αφροδίτη.

---

d. Η Ήρα, η Αθηνά και η Αφροδίτη <u>ζηλεύετε</u> πολύ η μία την άλλη.

---

e. Η Αφροδίτη <u>υποσχόμαστε</u> στον Πάρη την πιο ωραία γυναίκα της Ελλάδας.

_____

_____

f. Ο Πάρης <u>πηγαίνω</u> στο παλάτι του βασιλιά Μενελάου στη Σπάρτη.

_____

g. Ο Έρωτας <u>κρατάμε</u> ένα τόξο με χρυσά βέλη και <u>πετάς</u> αόρατος ανάμεσα στους ανθρώπους.

_____

_____

h. Η Αφροδίτη <u>λατρεύεστε</u> σε πολλά μέρη.

_____

5. Βάλε τις λέξεις στη σωστή σειρά για να φτιάξεις προτάσεις. – Put the words in the right order to make sentences.

a. είναι – Ήφαιστο – Η – παντρεμένη – τον – Αφροδίτη – με

b. Έριδα – διαγωνισμός – γίνει – να – ομορφιάς – Η – προτείνει – ένας

c. το – είναι – Πάρης – της – βασιλόπουλο – Ο – Τροίας

d. τη – παίρνει – Ελένη – Ο – από – Ωραία – Σπάρτη – Πάρης – την

e. Μενέλαος – Τροία – κάνει – βασιλιάς – Ο – μια – στην – εκστρατεία

f. | γιος – της – Ο – είναι – και – Ερμαφρόδιτος – του – Ερμή – Αφροδίτης |

g. | βέλη – Ο – ρίχνει – των – Έρωτας – καρδιές – στις – ανθρώπων |

h. | είναι – των – Αφροδίτη – ναυτικών – Η – προστάτιδα |

ΛΥΣΕΙΣ ΤΩΝ ΑΣΚΗΣΕΩΝ – ANSWERS TO THE EXERCISES

1. a. Λάθος, b. Λάθος, c. Λάθος, d. Λάθος, e. Σωστό, f. Λάθος, g. Σωστό, h. Λάθος, i. Σωστό, j. Σωστό

2. a. οι θεές, b. οι διαγωνισμοί, c. οι κριτές, d. τα βασιλόπουλα, e. τα μήλα, f. οι νικήτριες, g. οι γυναίκες, h. οι σύζυγοι, i. οι βασιλιάδες, j. οι προσβολές, k. οι εκστρατείες, l. οι αδελφοί, m. τα τόξα, n. τα βέλη, o. οι καρδιές, p. οι γιοι, q. τα περιστέρια, r. τα τριαντάφυλλα, s. τα ονόματα, t. τα λιμάνια

3. a. πιστεύει, b. προτείνει, c. υπόσχεται, d. διαλέγει, e. δίνει, f. κάνει, g. ξεκινάει / ξεκινά

4. a. αγαπάει/αγαπά
   b. δέχεται
   c. θαυμάζουν/θαυμάζουνε
   d. ζηλεύουν/ζηλεύουνε
   e. υπόσχεται
   f. πηγαίνει
   g. κρατάει/κρατά, πετάει/πετά
   h. λατρεύεται

5. a. Η Αφροδίτη είναι παντρεμένη με τον Ήφαιστο.

   b. Η Έριδα προτείνει να γίνει ένας διαγωνισμός ομορφιάς.

   c. Ο Πάρης είναι το βασιλόπουλο της Τροίας.

   d. Ο Πάρης παίρνει την Ωραία Ελένη από τη Σπάρτη.

   e. Ο βασιλιάς Μενέλαος κάνει μια εκστρατεία στην Τροία.

   f. Ο Ερμαφρόδιτος είναι γιος της Αφροδίτης και του Ερμή. /
   Ο Ερμαφρόδιτος είναι γιος του Ερμή και της Αφροδίτης.

   g. Ο Έρωτας ρίχνει βέλη στις καρδιές των ανθρώπων.

   h. Η Αφροδίτη είναι προστάτιδα των ναυτικών.

8. Η Δήμητρα
Demeter

Η Δήμητρα είναι η θεά της **γεωργίας**, της **φύσης** και των **εποχών**. Είναι κόρη του Κρόνου και της Ρέας, δηλαδή είναι αδελφή του Δία, του Ποσειδώνα, της Ήρας, της Εστίας και του Πλούτωνα. Η Δήμητρα είναι προστάτιδα των **γεωργών**. Αυτή μαθαίνει στους ανθρώπους να **καλλιεργούν** τη γη. Επειδή οι **καρποί** που χαρίζει στους ανθρώπους είναι πολύ χρήσιμοι για τη **διατροφή** τους, όπως η **σίκαλη**, το **καλαμπόκι**, το **σιτάρι** και το **κριθάρι**, αυτοί οι καρποί ονομάζονται «**δημητριακά**», από το όνομα της θεάς.

Η Δήμητρα έχει μια κόρη με τον Δία, την Περσεφόνη. Ο Πλούτωνας, ο θεός του κάτω κόσμου, είναι **ερωτευμένος** με την Περσεφόνη και την παίρνει μαζί του στον Άδη με **πονηρό** τρόπο. Η Δήμητρα την **ψάχνει** αλλά δεν τη **βρίσκει** πουθενά.

Δήμητρα: Περσεφόνη! Πού είσαι, κόρη μου; Περσεφόνη!

Αφροδίτη: Τι φωνάζεις, Δήμητρα; Δε βλέπεις ότι **κοιμάμαι**;

Δήμητρα: Ψάχνω την Περσεφόνη. Δεν **απαντάει**.

Αφροδίτη: Δεν απαντάει; Τότε **προφανώς** δεν είναι στον Όλυμπο!

Δήμητρα: Έλα μαζί μου, πάμε να τη **βρούμε**.

Αφροδίτη: Δεν μπορώ. Πρέπει να **κάνω μπάνιο** και να **χτενίσω** τα **μαλλιά** μου.

Δήμητρα: **Ανόητη**! Μόνο η **εμφάνισή** σου σε **απασχολεί**!

Αφροδίτη: Φυσικά. Γι' αυτό είμαι η πιο όμορφη θεά.

Δήμητρα: Δεν ξέρω αν είσαι η πιο όμορφη, **πάντως σίγουρα** είσαι η πιο **επιπόλαιη**!

Έτσι η Δήμητρα **εγκαταλείπει** τον Όλυμπο και **αρχίζει** να ψάχνει τη **μοναχοκόρη** της ανάμεσα στους ανθρώπους. Από τη **στεναχώρια** της, η γη πέφτει σε **βαρύ χειμώνα** και γίνεται **άγονη**. Τα **φυτά** και τα **σπαρτά** δεν **φυτρώνουν**, και τα ζώα **πεθαίνουν**. Οι άνθρωποι **υποφέρουν** από **πείνα** και **αρρώστιες**. Τότε η Δήμητρα μαθαίνει ότι η Περσεφόνη είναι με τον Πλούτωνα στον Άδη. Γίνεται **έξαλλη**. **Τρέχει** αμέσως στον Όλυμπο και ζητάει τη βοήθεια του Δία. Τότε ο Δίας **αποφασίζει** η Περσεφόνη να **περνάει** έξι μήνες τον χρόνο κοντά στη μητέρα της και έξι μήνες κοντά στον Πλούτωνα. Έτσι, **σύμφωνα** με τον **μύθο**, όταν η Περσεφόνη είναι κοντά στη Δήμητρα, έχουμε **άνοιξη** και **καλοκαίρι** και όλα **ανθίζουν, ενώ** τους έξι μήνες που η Περσεφόνη είναι κοντά στον άντρα της στον Άδη, έχουμε **φθινόπωρο** και χειμώνα. Μ' αυτό τον τρόπο οι αρχαίοι Έλληνες **εξηγούν** τις τέσσερις εποχές.

Οι γεωργοί λατρεύουν τη Δήμητρα και **οργανώνουν** πολλές γιορτές προς τιμήν της. Οι πιο σημαντικές είναι τα Θεσμοφόρια, όπου **συμμετέχουν** μόνο παντρεμένες γυναίκες, και τα Ελευσίνια **Μυστήρια**. Σύμβολα της Δήμητρας είναι το **στάχυ**, το ρόδι και το πουλί **γερανός**.

ΛΕΞΙΛΟΓΙΟ – VOCABULARY

της γεωργίας = *(gen.)* of agriculture	η γεωργία = *(nom.)* agriculture
της φύσης = *(gen.)* of nature	η φύση = *(nom.)* nature
των εποχών = *(gen. fem. pl.)* of the seasons	η εποχή = *(nom. sing.)* season
των γεωργών = *(gen. masc. pl.)* of farmers	ο γεωργός = *(nom. sing.)* farmer *syn.:* ο αγρότης
να καλλιεργούν = *(cont. sub.)* to cultivate	*verb:* καλλιεργώ = to cultivate
η γη = earth, land, soil, ground	η Γη = (with uppercase Γ) planet Earth
οι καρποί = fruits	ο καρπός = *(sing.)* the fruit of a plant or tree
η διατροφή = nutrition	
η σίκαλη = rye	
το καλαμπόκι = corn	
το σιτάρι = wheat	
το κριθάρι = barley	
τα δημητριακά = grains *also:* cereal	
ερωτευμένος = *(ppl. masc.)* in love	ερωτευμένος - ερωτευμένη - ερωτευμένο *verb:* ερωτεύομαι = to fall in love
πονηρό = *(acc.)* cunning, sneaky	πονηρός - πονηρή - πονηρό
την ψάχνει = is looking/ looks for her	*verb:* ψάχνω = to search, to look for
βρίσκει = finds	*verb:* βρίσκω = to find
κοιμάμαι = I am sleeping	*verb:* κοιμάμαι = to sleep
δεν απαντάει = she is not answering, she does not answer	*verb:* απαντάω / απαντώ = to answer
προφανώς = *(adv.)* obviously, evidently	
να τη βρούμε = *(inst. sub.)* to find her	*verb:* βρίσκω
να κάνω μπάνιο = to take a bath	το μπάνιο = bath *also:* bathroom
να χτενίσω τα μαλλιά μου = to comb/style my hair	χτενίζω = to comb, to style (one's hair)
τα μαλλιά = hair	το μαλλί = *(sing.)* hair (singular and plural are often used interchangeably for human hair; the singular [*το μαλλί*] is more colloquial. For animals we use the singular, e.g. *το μαλλί του προβάτου*)
ανόητη = *(fem.)* foolish, silly	ανόητος - ανόητη - ανόητο

η εμφάνιση = appearance	
σε απασχολεί = interests you, is on your mind	*verb:* απασχολώ = to bother sb, concern sb, to be on sb's mind
πάντως = *(adv.)* however, in any case	
σίγουρα = *(adv.)* certainly	σίγουρος - σίγουρη - σίγουρο = *(adj.)* sure, certain
επιπόλαιη = *(fem.)* superficial, careless, frivolous	επιπόλαιος - επιπόλαιη - επιπόλαιο
εγκαταλείπει = she abandons	*verb:* εγκαταλείπω = to abandon
αρχίζει = she starts	*verb:* αρχίζω = to start
η μοναχοκόρη = only daughter	ο μοναχογιός = only son
η στεναχώρια = sadness, sorrow *also spelled:* στενοχώρια	
πέφτει = it falls	*verb:* πέφτω = to fall
σε βαρύ χειμώνα = in heavy winter	βαρύς - βαριά - βαρύ βαριοί - βαριές - βαριά = heavy ο χειμώνας = winter
η γη γίνεται άγονη = the earth becomes barren	άγονος - άγονη - άγονο = infertile, barren *verb:* γίνομαι = to become
τα φυτά = plants	το φυτό = *(sing.)* plant
τα σπαρτά = fields of grains	το σπαρτό = *(sing.)* field of grains
φυτρώνουν = they germinate	*verb:* φυτρώνω = to germinate, spring up, sprout up
πεθαίνουν = they die	*verb:* πεθαίνω = to die
υποφέρουν = they suffer	
η πείνα = hunger	
οι αρρώστιες = diseases	η αρρώστια = *(sing.)* disease, illness *syn.:* η ασθένεια
γίνεται έξαλλη = she is outraged *syn.:* εξοργίζεται, θυμώνει πάρα πολύ	γίνομαι έξαλλος/έξαλλη = to become outraged, to go berserk *syn.:* εξοργίζομαι
τρέχει = she runs	*verb:* τρέχω = to run
αποφασίζει = he decides	*verb:* αποφασίζω = to decide
να περνάει = *(cont. sub.)* to spend	*verb:* περνάω/περνώ = to pass, spend (time) *also:* to cross, to come by
σύμφωνα με = according to, in agreement with	*verb:* συμφωνώ = to agree

τον μύθο = *(acc.)* myth, legend	ο μύθος = *(nom.)* myth, legend
η άνοιξη = spring	
το καλοκαίρι = summer	
ανθίζουν = they blossom	*verb:* ανθίζω = to blossom, to bloom *also:* ανθώ
ενώ = whereas, while	
το φθινόπωρο = fall (autumn)	
εξηγούν = they explain	*verb:* εξηγώ = to explain
οργανώνουν = they organize	*verb:* οργανώνω = to organize
συμμετέχουν = they participate	*verb:* συμμετέχω = to paticipate
τα μυστήρια = sacraments	το μυστήριο = sacrament, religious rite *also:* mystery
το στάχυ = cob, ear	
ο γερανός = crane	like the English word "crane", γερανός is both the bird and the machinery

ΓΡΑΜΜΑΤΙΚΗ – GRAMMAR

Ας κλίνουμε μερικά από τα ουσιαστικά του κειμένου. - Let's decline some of the nouns found in the text.

Αρσενικά – Masculine

Singular

Nom.	**ο γερανός**	**ο γεωργός**	**ο καρπός**
Gen.	του γερανού	του γεωργού	του καρπού
Acc.	τον γερανό	τον γεωργό	τον καρπό
Voc.	γερανέ	γεωργέ	καρπέ

Plural

Nom.	οι γερανοί	οι γεωργοί	οι καρποί
Gen.	των γερανών	των γεωργών	των καρπών
Acc.	τους γερανούς	τους γεωργούς	τους καρπούς
Voc.	γερανοί	γεωργοί	καρποί

Singular

Nom.	**ο μήνας**	**ο μύθος**	**ο τρόπος**
Gen.	του μήνα	του μύθου	του τρόπου
Acc.	τον μήνα	τον μύθο	τον τρόπο
Voc.	μήνα	μύθε	τρόπε

Plural

Nom.	οι μήνες	οι μύθοι	οι τρόποι
Gen.	των μηνών	των μύθων	των τρόπων
Acc.	τους μήνες	τους μύθους	τους τρόπους
Voc.	μήνες	μύθοι	τρόποι

Θηλυκά – Feminine

Singular

Nom.	**η εμφάνιση**	**η εποχή**
Gen.	της εμφάνισης	της εποχής
Acc.	την εμφάνιση	την εποχή
Voc.	εμφάνιση	εποχή

Plural

Nom.	οι εμφανίσεις	οι εποχές
Gen.	των εμφανίσεων	των εποχών
Acc.	τις εμφανίσεις	τις εποχές
Voc.	εμφανίσεις	εποχές

Ουδέτερα – Neuter

Singular

Nom.	**το δημητριακό**	**το ζώο**	**το καλαμπόκι**
Gen.	του δημητριακού	του ζώου	του καλαμποκιού
Acc.	το δημητριακό	το ζώο	το καλαμπόκι
Voc.	δημητριακό	ζώο	καλαμπόκι

Plural

Nom.	τα δημητριακά	τα ζώα	τα καλαμπόκια
Gen.	των δημητριακών	των ζώων	των καλαμποκιών
Acc.	τα δημητριακά	τα ζώα	τα καλαμπόκια
Voc.	δημητριακά	ζώα	καλαμπόκια

	Singular		
Nom.	**το καλοκαίρι**	**το μαλλί**	**το μυστήριο**
Gen.	του καλοκαιριού	του μαλλιού	του μυστηρίου
Acc.	το καλοκαίρι	το μαλλί	το μυστήριο
Voc.	καλοκαίρι	μαλλί	μυστήριο

	Plural		
Nom.	τα καλοκαίρια	τα μαλλιά	τα μυστήρια
Gen.	των καλοκαιριών	των μαλλιών	των μυστηρίων
Acc.	τα καλοκαίρια	τα μαλλιά	τα μυστήρια
Voc.	καλοκαίρια	μαλλιά	μυστήρια

	Singular		
Nom.	**το σπαρτό**	**το στάχυ**	**το φυτό**
Gen.	του σπαρτού	του σταχυού	του φυτού
Acc.	το σπαρτό	το στάχυ	το φυτό
Voc.	σπαρτό	στάχυ	φυτό

	Plural		
Nom.	τα σπαρτά	τα στάχυα	τα φυτά
Gen.	των σπαρτών	των σταχυών	των φυτών
Acc.	τα σπαρτά	τα στάχυα	τα φυτά
Voc.	σπαρτά	στάχυα	φυτά

Τώρα ας κλίνουμε μερικά από τα ρήματα του κειμένου στον ενεστώτα. – Now let's conjugate some of the verbs found in the text in the present tense.

Ενεστώτας
Simple present

εγώ	**ανθίζω**	**απαντάω / απαντώ**	**απασχολώ**
εσύ	ανθίζεις	απαντάς	απασχολείς
αυτός	ανθίζει	απαντάει/ απαντά	απασχολεί
εμείς	ανθίζουμε	απαντάμε/ απαντούμε	απασχολούμε
εσείς	ανθίζετε	απαντάτε	απασχολείτε
αυτοί	ανθίζουν(ε)	απαντάνε/ απαντούν(ε)	απασχολούν(ε)

εγώ	**αποφασίζω**	**αρχίζω**	**βρίσκω**
εσύ	αποφασίζεις	αρχίζεις	βρίσκεις
αυτός	αποφασίζει	αρχίζει	βρίσκει
εμείς	αποφασίζουμε	αρχίζουμε	βρίσκουμε
εσείς	αποφασίζετε	αρχίζετε	βρίσκετε
αυτοί	αποφασίζουν(ε)	αρχίζουν(ε)	βρίσκουν(ε)

εγώ	**εγκαταλείπω**		**εξηγώ**		**καλλιεργώ**	
εσύ	εγκαταλείπεις		εξηγείς		καλλιεργείς	
αυτός	εγκαταλείπει		εξηγεί		καλλιεργεί	
εμείς	εγκαταλείπουμε		εξηγούμε		καλλιεργούμε	
εσείς	εγκαταλείπετε		εξηγείτε		καλλιεργείτε	
αυτοί	εγκαταλείπουν(ε)		εξηγούν(ε)		καλλιεργούν(ε)	

εγώ	**μπορώ**	**οργανώνω**	**πεθαίνω**
εσύ	μπορείς	οργανώνεις	πεθαίνεις
αυτός	μπορεί	οργανώνει	πεθαίνει
εμείς	μπορούμε	οργανώνουμε	πεθαίνουμε
εσείς	μπορείτε	οργανώνετε	πεθαίνετε
αυτοί	μπορούν(ε)	οργανώνουν(ε)	πεθαίνουν(ε)

εγώ	**περνάω / περνώ**	**πέφτω**	**συμμετέχω**
εσύ	περνάς	πέφτεις	συμμετέχεις
αυτός	περνάει/ περνά	πέφτει	συμμετέχει
εμείς	περνάμε/ περνούμε	πέφτουμε	συμμετέχουμε
εσείς	περνάτε	πέφτετε	συμμετέχετε
αυτοί	περνάνε/ περνούν(ε)	πέφτουν(ε)	συμμετέχουν(ε)

εγώ	**τρέχω**	**υποφέρω**	**χτενίζω**	**ψάχνω**
εσύ	τρέχεις	υποφέρεις	χτενίζεις	ψάχνεις
αυτός	τρέχει	υποφέρει	χτενίζει	ψάχνει
εμείς	τρέχουμε	υποφέρουμε	χτενίζουμε	ψάχνουμε
εσείς	τρέχετε	υποφέρετε	χτενίζετε	ψάχνετε
αυτοί	τρέχουν(ε)	υποφέρουν(ε)	χτενίζουν(ε)	ψάχνουν(ε)

Verbs in the passive voice

εγώ	**κοιμάμαι**
εσύ	κοιμάσαι
αυτός	κοιμάται
εμείς	κοιμόμαστε
εσείς	κοιμάστε / κοιμόσαστε*
αυτοί	κοιμούνται / κοιμόνται*

* *colloquial*

ΣΗΜΕΙΩΣΕΙΣ – NOTES

ΑΣΚΗΣΕΙΣ – EXERCISES

1. Σωστό ή λάθος; – True or false?

		<u>Σωστό</u>	<u>Λάθος</u>
a.	Η Δήμητρα είναι προστάτιδα των ναυτικών.	☐	☐
b.	Η Δήμητρα μαθαίνει στους ανθρώπους να καλλιεργούν τη γη.	☐	☐
c.	Το σιτάρι και το κριθάρι είναι δημητριακά.	☐	☐
d.	Η Περσεφόνη είναι κόρη της Δήμητρας και του Ποσειδώνα.	☐	☐
e.	Ο Πλούτωνας ερωτεύεται την Περσεφόνη και την παίρνει μαζί του στον Όλυμπο.	☐	☐
f.	Από τη στεναχώρια της Δήμητρας που δεν βρίσκει την κόρη της, η γη γίνεται άγονη.	☐	☐
g.	Όταν η Περσεφόνη είναι στον Άδη, έχουμε άνοιξη και καλοκαίρι.	☐	☐
h.	Τα Ελευσίνια Μυστήρια είναι μια γιορτή αφιερωμένη στην Περσεφόνη.	☐	☐
i.	Στα Θεσμοφόρια συμμετέχουν μόνο παντρεμένες γυναίκες.	☐	☐

2. Βάλε τα ουσιαστικά στην ονομαστική πτώση του ενικού. – Put the nouns in the nominative case in the singular.

e.g.	της γεωργίας	_____η γεωργία_____
a.	της φύσης	_____
b.	των εποχών	_____
c.	των γεωργών	_____
d.	τους ανθρώπους	_____
e.	οι καρποί	_____
f.	τη διατροφή	_____
g.	της θεάς	_____
h.	τη μανοχοκόρη	_____
i.	τα φυτά	_____
j.	τα ζώα	_____
k.	τη βοήθεια	_____

l. τον χρόνο _____

m. τον χειμώνα _____

n. τις εποχές _____

o. τις γιορτές _____

p. οι γυναίκες _____

q. τα σύμβολα _____

3. Βάλε τα ουσιαστικά στη σωστή στήλη ανάλογα με το γένος τους. – Put the nouns in the right column according to their gender.

γεωργία, φύση, εποχές, πατέρας, μητέρα, αδελφή, γεωργοί, γη, καρποί, καλαμπόκι, σιτάρι, δημητριακά, θεός, κόσμος, άνθρωποι, μοναχοκόρη, στεναχώρια, χειμώνας, καλοκαίρι, φθινόπωρο, άνοιξη, ζώα, πείνα, αρρώστιες, βοήθεια, μήνες, μύθος, γιορτές, μυστήρια, σύμβολα, στάχυ, ρόδι, γερανός

αρσενικό *(masculine)*	*θηλυκό* *(feminine)*	*ουδέτερο* *(neuter)*

4. Βάλε τα ρήματα στο 3º πρόσωπο του ενικού. – Put the verbs in the 3rd person singular.

a. Η Δήμητρα _____ στους ανθρώπους να καλλιεργούν τη γη. *(μαθαίνω)*

b. Η Δήμητρα _____ στους ανθρώπους χρήσιμους καρπούς. *(χαρίζω)*

c. Καρποί όπως η σίκαλη, το σιτάρι και το κριθάρι _____ «δημητριακά». *(ονομάζομαι)*

d. Η Δήμητρα _____ μια κόρη με τον Δία. *(έχω)*

e. Ο Πλούτωνας _____ την Περσεφόνη στον Άδη. *(παίρνω)*

f. Η Δήμητρα δεν _____ την κόρη της, γι' αυτό _____ τον Όλυμπο. *(βρίσκω, εγκαταλείπω)*

g. Η γη _____ σε βαρύ χειμώνα και _____ άγονη. *(πέφτω, γίνομαι)*

h. Όταν η Δήμητρα _____ ότι η Περσεφόνη είναι στον κάτω κόσμο με τον Πλούτωνα, _____ στον Δία και του _____ βοήθεια.
(μαθαίνω, είμαι, πηγαίνω/πάω, ζητάω/ζητώ)

5. Αντιστοίχισε τις ερωτήσεις με τις απαντήσεις τους. – Match the questions with their answers.

a. Τι μαθαίνει η Δήμητρα στους ανθρώπους;

i. Να καλλιεργούν τη γη.

b. Ποιος είναι ο πατέρας της Περσεφόνης;

ii. Δημητριακά.

c. Τι είναι το σιτάρι και το κριθάρι;

iii. Οι παντρεμένες.

d. Πότε έχουμε φθινόπωρο και χειμώνα;

iv. Όταν η Περσεφόνη είναι στον Άδη.

e. Τι είναι τα Ελευσίνια Μυστήρια;

v. Ο Δίας.

f. Ποιες γυναίκες συμμετέχουν στα Θεσμοφόρια;

vi. Μια γιορτή αφιερωμένη στη Δήμητρα.

ΛΥΣΕΙΣ ΤΩΝ ΑΣΚΗΣΕΩΝ – ANSWERS TO THE EXERCISES

1. a. Λάθος, b. Σωστό, c. Σωστό, d. Λάθος, e. Λάθος,
   f. Σωστό, g. Λάθος, h. Λάθος, i. Σωστό

2. a. η φύση, b. η εποχή, c. ο γεωργός, d. ο άνθρωπος,
   e. ο καρπός, f. η διατροφή, g. η θεά, h. η μοναχοκόρη,
   i. το φυτό, j. το ζώο, k. η βοήθεια, l. ο χρόνος, m. ο χειμώνας,
   n. η εποχή, o. η γιορτή, p. η γυναίκα, q. το σύμβολο

3.
αρσενικό	θηλυκό	ουδέτερο
πατέρας	γεωργία	καλαμπόκι
γεωργοί (ο γεωργός)	φύση	σιτάρι
καρποί (ο καρπός)	εποχές (η εποχή)	δημητριακά (το δημητριακό)
θεός	μητέρα	καλοκαίρι
κόσμος	αδελφή	φθινόπωρο
άνθρωποι (ο άνθρωπος)	γη	ζώα (το ζώο)
χειμώνας	μοναχοκόρη	μυστήρια (το μυστήριο)
μήνες (ο μήνας)	στεναχώρια	σύμβολα (το σύμβολο)
μύθος	άνοιξη	στάχυ
γερανός	πείνα	ρόδι
	αρρώστιες (η αρρώστια)	
	βοήθεια	
	γιορτές (η γιορτή)	

4. a. μαθαίνει, b. χαρίζει, c. ονομάζονται, d. έχει, e. παίρνει,
   f. βρίσκει, εγκαταλείπει, g. πέφτει, γίνεται,
   h. μαθαίνει, πηγαίνει/πάει, ζητάει/ζητά

5. a. i. Να καλλιεργούν τη γη.
   b. v. Ο Δίας.
   c. ii. Δημητριακά.
   d. iv. Όταν η Περσεφόνη είναι στον Άδη.
   e. vi. Μια γιορτή αφιερωμένη στη Δήμητρα.
   f. iii. Οι παντρεμένες.

9. Ο Ήφαιστος
Hephaestus

Ο Ήφαιστος είναι γιος του Δία και της Ήρας. Είναι ο θεός της **φωτιάς**, της **μεταλλουργίας** και των ηφαιστείων. Έχει το **εργαστήριό** του σε μια **σπηλιά** στον Όλυμπο. Εκεί **λιώνει** τα **μέταλλα** και **φτιάχνει εργαλεία**, όπλα και άλλα **μεταλλικά αντικείμενα**.

Ο Ήφαιστος είναι πολύ **άσχημος** σε **σύγκριση** με τους άλλους θεούς. Επίσης είναι **κουτσός**. Οι άλλοι θεοί τον **κοροϊδεύουν** συχνά για την **ασχήμια** του και την **αναπηρία** του. Ο Ήφαιστος **πληγώνεται** πολύ από τη **συμπεριφορά** τους γιατί, παρόλο που **φαίνεται σκληρός**, είναι πολύ **ευαίσθητος**. Γενικά ο Ήφαιστος είναι **καλόκαρδος** θεός, πάντα **χαρούμενος** και πολύ **ευχάριστος**. Στα **γλέντια** των θεών στον Όλυμπο, **μοιράζει κρασί** και τους κάνει όλους να **ξεκαρδίζονται** με τα **αστεία** του.

Έχει όμως και την **εκδικητική** του **πλευρά**. Όταν μια μέρα μαθαίνει ότι η Ήρα **ντρέπεται** για κείνον επειδή είναι άσχημος, την **εκδικείται**. Φτιάχνει έναν χρυσό θρόνο στον οποίο βάζει αόρατα **σχοινιά** και τον χαρίζει στην Ήρα. Η Ήρα **κάθεται** στον θρόνο αλλά μετά δεν μπορεί **με τίποτα** να **σηκωθεί**!

Ήφαιστος: Τι **συμβαίνει**, μαμά; Υπάρχει κάποιο πρόβλημα;

Ήρα: Ντροπή σου! Γιατί το κάνεις αυτό;

Ήφαιστος: Τι **εννοείς**;

Ήρα: Ξέρεις καλά τι εννοώ! Είμαι **κολλημένη** στον θρόνο!

Ήφαιστος: Ναι, αυτή είναι η **εκδίκησή** μου.

Ήρα: Παίρνεις εκδίκηση από την **ίδια** σου τη μάνα;

Ήφαιστος: Ναι, γιατί τώρα ξέρω όλη την αλήθεια. Ντρέπεσαι για μένα επειδή είμαι άσχημος. Οι καλές μαμάδες δεν πετάνε τα **μωρά** τους από τον Όλυμπο όταν αυτά είναι άσχημα, και δεν τα **αφήνουν** κουτσά!

Ήρα: Το ξέρω, εγώ **φταίω** που είσαι κουτσός. Αλλά πράγματι είσαι πολύ άσχημος· **ψέματα** είναι;

Ήφαιστος: **Ώστε έτσι**! Τότε **κάτσε** στον θρόνο για πάντα.

Ήρα: Όχι, **περίμενε**. Θα κάνω ό,τι θέλεις! Ποια είναι η μεγαλύτερη **επιθυμία** σου;

Ήφαιστος: Θέλω την Αφροδίτη για γυναίκα μου.

Δίας: Τι λες, παιδί μου; Η ομορφότερη θεά με τον ασχημότερο θεό; **Δε γίνεται**.

Ήρα: Δία μου, πρέπει. Δεν έχουμε άλλη **επιλογή**.

Δίας: Φοβάμαι πως **έχεις δίκιο**. **Εντάξει**, λοιπόν.

Γι' αυτό ο Ήφαιστος είναι άντρας της Αφροδίτης, παρόλο που δεν είναι πολύ **ταιριαστό ζευγάρι**.

Σύμβολα του Ηφαίστου είναι το **σφυρί**, το **αμόνι**, το **τσεκούρι**, η **λαβίδα** και η φωτιά.

ΛΕΞΙΛΟΓΙΟ – VOCABULARY

της φωτιάς = *(gen.)* of fire	η φωτιά = *(nom.)* fire
της μεταλλουργίας = *(gen.)* of metallurgy	η μεταλλουργία = *(nom.)* metallurgy
το εργαστήριο = workshop *also:* laboratory	*colloquial:* το εργαστήρι
η σπηλιά = cave	
λιώνει = he melts	*verb:* λιώνω = to melt
τα μέταλλα = metals	το μέταλλο = *(sing.)* metal
φτιάχνει = he makes	*verb:* φτιάχνω = to make, to fix
τα εργαλεία = tools	το εργαλείο = *(sing.)* tool
μεταλλικά = *(adj. neut. pl.)* metallic	μεταλλικός - μεταλλική - μεταλλικό μεταλλικοί - μεταλλικές - μεταλλικά
τα αντικείμενα = objects	το αντικείμενο = object
άσχημος = *(masc.)* ugly	άσχημος - άσχημη - άσχημο
σε σύγκριση με… = in comparison with, compared to	η σύγκριση = comparison *verb:* συγκρίνω = to compare
κουτσός = lame, crippled	κουτσός - κουτσή - κουτσό
τον κοροϊδεύουν = they make fun of him	*verb:* κοροϊδεύω = to make fun of, to mock *also:* to fool, to deceive
η ασχήμια = ugliness	
η αναπηρία = disability, handicap	
πληγώνεται = he feels hurt	*verb:* πληγώνομαι = *(pass. v.)* to feel hurt, to get hurt, to get injured πληγώνω = *(act. v.)* to hurt sb/sth, to injure, to wound
η συμπεριφορά = behavior	
φαίνεται = he seems	*verb:* φαίνομαι = to seem, to appear *also:* to be visible
σκληρός = tough *also:* hard	σκληρός - σκληρή - σκληρό
ευαίσθητος = sensitive	ευαίσθητος - ευαίσθητη - ευαίσθητο
καλόκαρδος = good-hearted	*from:* καλός *(good)* + καρδιά *(heart)* καλόκαρδος - καλόκαρδη - καλόκαρδο
χαρούμενος = cheerful, happy	χαρούμενος - χαρούμενη - χαρούμενο
ευχάριστος = pleasant	ευχάριστος - ευχάριστη - ευχάριστο

τα γλέντια = parties	το γλέντι = *(nom. sing.)* revelry, party, celebrationγ *verb:* γλεντάω / γλεντώ = to party, to have fun
μοιράζει = he passes around	*verb:* μοιράζω = to hand out, to pass sth around, to distribute
το κρασί = wine	
να ξεκαρδίζονται = *(cont. sub.)* to laugh out loud	*verb:* ξεκαρδίζομαι = to burst into laughter, to laugh out loud
τα αστεία = jokes	
εκδικητική = *(fem.)* vindictive, vengeful	εκδικητικός - εκδικητική - εκδικητικό
η πλευρά = side, aspect	
ντρέπεται = is ashamed	*verb:* ντρέπομαι = to be ashamed, to be embarrassed η ντροπή = *(n.)* shame
την εκδικείται = he takes revenge on her	*verb:* εκδικούμαι = to take revenge, to get vengeance
τα σχοινιά = ropes *also:* τα σκοινιά	το σχοινί, το σκοινί = *(sing.)* rope
κάθεται = she sits	*verb:* κάθομαι = to sit
με τίποτα = by no means, in no way	
να σηκωθεί = *(inst. sub.)* to get up	*verb:* σηκώνομαι = *(pass. v.)* to get up σηκώνω = *(act. v.)* to raise, lift, pick up
τι συμβαίνει; = what is going on?, what is happening?	*verb:* συμβαίνω = to happen, to occur
τι εννοείς; = what do you mean?	*verb:* εννοώ = to mean
κολλημένη = *(fem. ppl.)* stuck	κολλημένος - κολλημένη – κολλημένο = stuck, glued *verb:* κολλάω/κολλώ = to stick, to glue, to attach
η εκδίκηση = *(n.)* revenge, vengeance	
ίδια = *(fem.)* same	από την ίδια σου τη μάνα = from your own mother
τα μωρά = babies	το μωρό = *(sing.)* baby
τα αφήνουν = they leave them	*verb:* αφήνω = to leave, to let δεν τα αφήνουν κουτσά = they don't leave them crippled
φταίω = I am to blame	*verb:* φταίω = to be at fault, to be in the wrong
τα ψέματα = lies	το ψέμα = *(sing.)* lie είναι ψέματα / είναι ψέμα = it is a lie

ώστε έτσι! = really!, is that so!	
κάτσε = *(imperative)* sit	*verb:* κάθομαι = to sit
περίμενε = *(imperative)* wait	*verb:* περιμένω = to wait
η επιθυμία = wish	
δε γίνεται = it can't be done, it cannot happen	*verb:* γίνομαι = to take place, occur, come to be, become
η επιλογή = choice, option	
έχεις δίκιο = you are right	
εντάξει, λοιπόν = OK then	εντάξει = okay, all right λοιπόν = so
ταιριαστό = *(neut.)* matching, compatible	ταιριαστός - ταιριαστή - ταιριαστό
το ζευγάρι = couple, pair	
το σφυρί = hammer	
το αμόνι = anvil	
το τσεκούρι = axe	
η λαβίδα = tongs	

ΓΡΑΜΜΑΤΙΚΗ – GRAMMAR

Ας κλίνουμε μερικά από τα ουσιαστικά του κειμένου. - Let's decline some of the nouns found in the text.

Θηλυκά – Feminine

Singular

Nom.	**η επιθυμία**	**η επιλογή**	**η μαμά**	**η μάνα**
Gen.	της επιθυμίας	της επιλογής	της μαμάς	της μάνας
Acc.	την επιθυμία	την επιλογή	τη μαμά	τη μάνα
Voc.	επιθυμία	επιλογή	μαμά	μάνα

Plural

Nom.	οι επιθυμίες	οι επιλογές	οι μαμάδες	οι μανάδες/μάνες
Gen.	των επιθυμιών	των επιλογών	των μαμάδων	των μανάδων
Acc.	τις επιθυμίες	τις επιλογές	τις μαμάδες	τις μανάδες/μάνες
Voc.	επιθυμίες	επιλογές	μαμάδες	μανάδες/μάνες

Singular

Nom.	**η πλευρά**	**η σπηλιά**	**η σύγκριση**	**η συμπεριφορά**
Gen.	της πλευράς	της σπηλιάς	της σύγκρισης	της συμπεριφοράς
Acc.	την πλευρά	τη σπηλιά	τη σύγκριση	τη συμπεριφορά
Voc.	πλευρά	σπηλιά	σύγκριση	συμπεριφορά

Plural

Nom.	οι πλευρές	οι σπηλιές	οι συγκρίσεις	οι συμπεριφορές
Gen.	των πλευρών	των σπηλιών	των συγκρίσεων	των συμπεριφορών
Acc.	τις πλευρές	τις σπηλιές	τις συγκρίσεις	τις συμπεριφορές
Voc.	πλευρές	σπηλιές	συγκρίσεις	συμπεριφορές

Ουδέτερα – Neuter

Singular

Nom.	**το αντικείμενο**	το αστείο	το γλέντι	το εργαλείο
Gen.	του αντικειμένου	του αστείου	του γλεντιού	του εργαλείου
Acc.	το αντικείμενο	το αστείο	το γλέντι	το εργαλείο
Voc.	αντικείμενο	αστείο	γλέντι	εργαλείο

Plural

Nom.	τα αντικείμενα	τα αστεία	τα γλέντια	τα εργαλεία
Gen.	των αντικειμένων	των αστείων	των γλεντιών	των εργαλείων
Acc.	τα αντικείμενα	τα αστεία	τα γλέντια	τα εργαλεία
Voc.	αντικείμενα	αστεία	γλέντια	εργαλεία

Singular

Nom.	**το εργαστήριο**	το ζευγάρι	το μέταλλο	το μωρό
Gen.	του εργαστηρίου	του ζευγαριού	του μετάλλου	του μωρού
Acc.	το εργαστήριο	το ζευγάρι	το μέταλλο	το μωρό
Voc.	εργαστήριο	ζευγάρι	μέταλλο	μωρό

Plural

Nom.	τα εργαστήρια	τα ζευγάρια	τα μέταλλα	τα μωρά
Gen.	των εργαστηρίων	των ζευγαριών	των μετάλλων	των μωρών
Acc.	τα εργαστήρια	τα ζευγάρια	τα μέταλλα	τα μωρά
Voc.	εργαστήρια	ζευγάρια	μέταλλα	μωρά

Singular

Nom.	**το πρόβλημα**	**το σφυρί**	**το σχοινί**	**το ψέμα**
Gen.	του προβλήματος	του σφυριού	του σχοινιού	του ψέματος
Acc.	το πρόβλημα	το σφυρί	το σχοινί	το ψέμα
Voc.	πρόβλημα	σφυρί	σχοινί	ψέμα

Plural

Nom.	τα προβλήματα	τα σφυριά	τα σχοινιά	τα ψέματα
Gen.	των προβλημάτων	των σφυριών	των σχοινιών	των ψεμάτων
Acc.	τα προβλήματα	τα σφυριά	τα σχοινιά	τα ψέματα
Voc.	προβλήματα	σφυριά	σχοινιά	ψέματα

Τώρα ας κλίνουμε μερικά από τα ρήματα του κειμένου στον ενεστώτα. – Now let's conjugate some of the verbs found in the text in the present tense.

Ενεστώτας
Simple present

εγώ	**αφήνω**	**βάζω**	**εννοώ**
εσύ	αφήνεις	βάζεις	εννοείς
αυτός	αφήνει	βάζει	εννοεί
εμείς	αφήνουμε	βάζουμε	εννοούμε
εσείς	αφήνετε	βάζετε	εννοείτε
αυτοί	αφήνουν(ε)	βάζουν(ε)	εννοούν(ε)

εγώ	**κοροϊδεύω**	**λιώνω**	**μοιράζω**
εσύ	κοροϊδεύεις	λιώνεις	μοιράζεις
αυτός	κοροϊδεύει	λιώνει	μοιράζει
εμείς	κοροϊδεύουμε	λιώνουμε	μοιράζουμε
εσείς	κοροϊδεύετε	λιώνετε	μοιράζετε
αυτοί	κοροϊδεύουν(ε)	λιώνουν(ε)	μοιράζουν(ε)

εγώ	**περιμένω**	**συμβαίνω**	**φταίω**	**φτιάχνω**
εσύ	περιμένεις	συμβαίνεις	φταις	φτιάχνεις
αυτός	περιμένει	συμβαίνει	φταίει	φτιάχνει
εμείς	περιμένουμε	συμβαίνουμε	φταίμε	φτιάχνουμε
εσείς	περιμένετε	συμβαίνετε	φταίτε	φτιάχνετε
αυτοί	περιμένουν(ε)	συμβαίνουν(ε)	φταίνε	φτιάχνουν(ε)

Verbs in the passive voice

εγώ	**κάθομαι**	**ντρέπομαι**	**ξεκαρδίζομαι**
εσύ	κάθεσαι	ντρέπεσαι	ξεκαρδίζεσαι
αυτός	κάθεται	ντρέπεται	ξεκαρδίζεται
εμείς	καθόμαστε	ντρεπόμαστε	ξεκαρδιζόμαστε
εσείς	κάθεστε / καθόσαστε*	ντρέπεστε / ντρεπόσαστε	ξεκαρδίζεστε / ξεκαρδιζόσαστε*
αυτοί	κάθονται	ντρέπονται	ξεκαρδίζονται

εγώ	**πληγώνομαι**	**σηκώνομαι****	**φαίνομαι**
εσύ	πληγώνεσαι	σηκώνεσαι	φαίνεσαι
αυτός	πληγώνεται	σηκώνεται	φαίνεται
εμείς	πληγωνόμαστε	σηκωνόμαστε	φαινόμασατε
εσείς	πληγώνεστε / πληγωνόσαστε*	σηκώνεστε / σηκωνόσαστε*	φαίνεστε / φαινόσαστε*
αυτοί	πληγώνονται	σηκώνονται	φαίνονται

In the text we see the verbs **κάθομαι** and **περιμένω** in the imperative, in the singular (addressed to one person): **κάτσε**, **περίμενε**.
In the plural / polite form they would be: **καθίστε**, **περιμένετε**.

* *colloquial*

** We saw the verb **σηκώνω** *(to lift, to raise)*, which is in the active voice, in chapter 4–Poseidon. In this chapter we have it in the passive voice: **σηκώνομαι**.

ΣΗΜΕΙΩΣΕΙΣ – NOTES

ΑΣΚΗΣΕΙΣ – EXERCISES

1. Σωστό ή λάθος; – True or false?

		Σωστό	Λάθος
a.	Ο Ήφαιστος είναι ο θεός της φωτιάς, των ηφαιστείων και της μεταλλουργίας.	☐	☐
b.	Ο Ήφαιστος έχει το εργαστήριό του στην Άδη.	☐	☐
c.	Ο Ήφαιστος είναι κουτσός αλλά όμορφος και δυνατός.	☐	☐
d.	Η Ήρα φταίει που ο Ήφαιστος είναι κουτσός.	☐	☐
e.	Οι θεοί κοροϊδεύουν τον Ήφαιστο γιατί είναι κουτσός και άσχημος.	☐	☐
f.	Ο Ήφαιστος είναι καλόκαρδος και ευαίσθητος.	☐	☐
g.	Ο Ήφαιστος φτιάχνει έναν χρυσό θρόνο για να ευχαριστήσει την Ήρα.	☐	☐
h.	Ο Ήφαιστος ζητάει για γυναίκα του την Αφροδίτη.	☐	☐

2. Βάλε τα παρακάτω ουσιαστικά στον πληθυντικό. – Put the following nouns in the plural.

a. ο γιος   _____

b. η φωτιά   _____

c. το εργαστήριο   _____

d. η σπηλιά   _____

e. το σχοινί   _____

f. το μωρό   _____

g. το γλέντι   _____

h. το αστείο   _____

i. η σύγκριση   _____

j. η πλευρά   _____

k. το κρασί   _____

l. η μέρα   _____

m. ο θρόνος   _____

n. η επιθυμία   _____

o. η γυναίκα   _____

p. η επιλογή   _____

q. το ψέμα   _____

3. Βάλε τα παρακάτω ουσιαστικά στον ενικό. – Put the following nouns in the singular.

a. τα ηφαίστεια _____

b. τα μέταλλα _____

c. τα εργαλεία _____

d. τα όπλα _____

e. τα τσεκούρια _____

f. οι λαβίδες _____

g. τα αντικείμενα _____

h. οι φωτιές _____

i. τα προβλήματα _____

j. τα αστεία _____

k. τα ζευγάρια _____

4. Συμπλήρωσε τα κενά με τις λέξεις στο πλαίσιο. – Fill in the blanks with the words in the box.

> *καλόκαρδος - χρυσό - σπηλιά - δίνουν - σχοινιά - εκδίκηση - σκληρός - επιλογή - πληγώνεται - κάθεται*

a. Ο Ήφαιστος έχει το εργαστήριό του σε μια _____.

b. Η Ήρα _____ στον χρυσό θρόνο και δεν μπορεί να σηκωθεί.

c. Ο Ήφαιστος παίρνει _____ από την ίδια του τη μάνα.

d. Ο Ήφαιστος είναι κουτσός και άσχημος αλλά _____.

e. Οι θεοί κοροϊδεύουν τον Ήφαιστο κι εκείνος _____.

f. Ο Ήφαιστος φαίνεται _____ αλλά στην πραγματικότητα είναι ευαίσθητος.

g. Ο Ήφαιστος φτιάχνει έναν _____ θρόνο με αόρατα _____ για την Ήρα.

h. Ο Δίας και η Ήρα _____ την Αφροδίτη στον Ήφαιστο επειδή δεν έχουν άλλη _____.

5. Βάλε τα ρήματα στο δεύτερο πρόσωπο του ενικού. – Put the verbs in the second person singular.

e.g. λιώνει — λιώνεις

a. αφήνουμε — _____

b. βάζετε — _____

c. εννοώ — _____

d. κοροϊδεύουν — _____

e. φαινόμαστε — _____

f. σηκώνονται — _____

g. συμβαίνουν — _____

h. φταίω — _____

i. φτιάχνει — _____

j. περιμένετε — _____

k. μοιράζουμε — _____

l. πληγωνόμαστε — _____

m. κάθομαι — _____

6. Βάλε τις λέξεις στη σωστή σειρά για να φτιάξεις προτάσεις. – Put the words in the right order to make sentences.

a. ο – φωτιάς – είναι – Ο – θεός – Ήφαιστος – της

b. Όλυμπο – έχει – στον – Ήφαιστος – εργαστήριο – ο – ένα

c. σύγκριση – πολύ – Ήφαιστος – θεούς – με – Ο – είναι – σε – άλλους – άσχημος – τους

d. σκληρός – αλλά – Ήφαιστος – φαίνεται – ευαίσθητος – είναι – Ο

e. επειδή – κυυτούς – Ήφαιστυ – και – θευί – ήταν – κορόιδευαν – Οι – τον – άσχημος

f. γλέντια – Ήφαιστος – Στα – θεών – κρασί – των – ο – μοιράζει

g. πιο – θεά – άσχημο – Η – όμορφη – παντρεύεται – τον – θεό – πιο

h. η – για – Δίας – την – Ήφαιστο – γυναίκα – στον – Ήρα – Ο – Αφροδίτη – και – δίνουν – του

ΛΥΣΕΙΣ ΤΩΝ ΑΣΚΗΣΕΩΝ – ANSWERS TO THE EXERCISES

1. a. Σωστό, b. Λάθος, c. Λάθος, d. Σωστό, e. Σωστό, f. Σωστό, g. Λάθος, h. Σωστό

2. a. οι γιοι, b. οι φωτιές, c. τα εργαστήρια, d. οι σπηλιές, e. τα σχοινιά, f. τα μωρά, g. τα γλέντια, h. τα αστεία, i. οι συγκρίσεις, j. οι πλευρές, k. τα κρασιά, l. οι μέρες, m. οι θρόνοι, n. οι επιθυμίες, o. οι γυναίκες, p. οι επιλογές, q. τα ψέματα

3. a. το ηφαίστειο, b. το μέταλλο, c. το εργαλείο, d. το όπλο, e. το τσεκούρι, f. η λαβίδα, g. το αντικείμενο, h. η φωτιά, i. το πρόβλημα, j. το αστείο, k. το ζευγάρι

4. a. σπηλιά, b. κάθεται, c. εκδίκηση, d. καλόκαρδος, e. πληγώνεται, f. σκληρός, g. χρυσό, σχοινιά, h. δίνουν, επιλογή

5. a. αφήνεις
   b. βάζεις
   c. εννοείς
   d. κοροϊδεύεις
   e. φαίνεσαι
   f. σηκώνεσαι
   g. συμβαίνεις
   h. φταις
   i. φτιάχνεις
   j. περιμένεις
   k. μοιράζεις
   l. πληγώνεσαι
   m. κάθεσαι

6. a. Ο Ήφαιστος είναι ο θεός της φωτιάς. /
   Ο θεός της φωτιάς ήταν ο Ήφαιστος.

   b. Ο Ήφαιστος έχει ένα εργαστήριο στον Όλυμπο.

   c. Ο Ήφαιστος είναι πολύ άσχημος σε σύγκριση με τους άλλους θεούς.

   d. Ο Ήφαιστος φαίνεται σκληρός αλλά είναι ευαίσθητος. /
   Ο Ήφαιστος είναι ευαίσθητος αλλά φαίνεται σκληρός.

   e. Οι θεοί κοροϊδεύουν τον Ήφαιστο επειδή είναι άσχημος και κουτσός./
   Οι θεοί κοροϊδεύουν τον Ήφαιστο επειδή είναι κουτσός και άσχημος.

   f. Στα γλέντια των θεών, ο Ήφαιστος μοιράζει κρασί.

   g. Η πιο όμορφη θεά παντρεύεται τον πιο άσχημο θεό.

   h. Ο Δίας και η Ήρα δίνουν την Αφροδίτη στον Ήφαιστο για γυναίκα του. /
   Ο Δίας και η Ήρα δίνουν στον Ήφαιστο την Αφροδίτη για γυναίκα του. /
   Ο Δίας και η Ήρα δίνουν στον Ήφαιστο για γυναίκα του την Αφροδίτη.

10. Η Εστία
Hestia

Η Εστία είναι η προστάτιδα του σπιτιού και της οικογένειας, και παίζει πολύ σημαντικό ρόλο στην **καθημερινή** ζωή των αρχαίων Ελλήνων. Στο **κέντρο** κάθε σπιτιού υπάρχει ένας **κυκλικός βωμός** όπου **καίει** πάντα μια **φλόγα** προς τιμήν της. Ο βωμός αυτός ονομάζεται «**εστία**». Σε όλες τις γιορτές, οι άνθρωποι **αφιερώνουν** στην Εστία την πρώτη και την τελευταία **θυσία**.

Η Εστία είναι το πρώτο παιδί του Κρόνου και της Ρέας, και **συνεπώς** η μεγαλύτερη σε **ηλικία** από τους δώδεκα θεούς του Ολύμπου. Είναι η πιο δίκαιη, η πιο **ειρηνική** και η πιο **φιλάνθρωπη** απ' όλους τους θεούς. Δεν παίρνει ποτέ μέρος σε πολέμους. Όλοι οι θεοί τη σέβονται. Μάλιστα, όταν εκείνοι μαλώνουν μεταξύ τους, η Εστία τούς **μονοιάζει**. Κάνει πάντα ό,τι μπορεί ώστε οι θεοί να είναι αγαπημένοι μεταξύ τους. **Χαρακτηριστικό παράδειγμα** είναι ότι δίνει τον θρόνο της στον Διόνυσο.

Διόνυσος: Δία, θέλω έναν θρόνο στον Όλυμπο.

Δίας: Τι; Μα εσύ είσαι μικρότερος θεός.

Διόνυσος: Μικρότερος αλλά σημαντικός!

Δίας: Δεν γίνεται, Διόνυσε. Δεν έχουμε **χώρο**.

Διόνυσος: **Δώσε** μου τον θρόνο της Ήρας.

Δίας: Της γυναίκας μου; Τι λες, παιδί μου; Είσαι **τρελός**;

Διόνυσυς: Τότε δώσε μου τον θρόνο της Αθηνάς.

Αθηνά: Με τίποτα! **Συγκρίνεσαι** μαζί μου; Εγώ είμαι σοφή! Εσύ είσαι ένας **μεθύστακας**!

Διόνυσος: Τότε θέλω τον θρόνο της Αφροδίτης. Τι **προσφέρει** η Αφροδίτη; Ομορφιά;

Αφροδίτη: Όχι μόνο! Είμαι η θεά του έρωτα και της αγάπης. Δεν υπάρχει τίποτα πιο σημαντικό από την αγάπη! Εσύ τι προσφέρεις;

Διόνυσος: Κρασί!

Δίας: Ναι, ναι. Το κρασί είναι πολύ σημαντικό. Είναι **απαραίτητο** στις γιορτές μας.

Αφροδίτη: Δηλαδή, μπαμπά, **προτιμάς** αυτόν από εμένα;

Δίας: Όχι, **απλώς** λέω ότι μου αρέσει το κρασί.

Διόνυσος: Ο Απόλλωνας τι προσφέρει; Μουσική; **Σιγά**!

Απόλλωνας: Διόνυσε, είσαι **ανόητος**!

Εστία: Γιατί μαλώνετε; Στον Όλυμπο πρέπει να έχουμε **αρμονία** και αγάπη. Εμείς πρέπει να δίνουμε το καλό παράδειγμα στους θνητούς. Διόνυσε, σου δίνω τον δικό μου θρόνο.

Γι' αυτό πολλές φορές, στο δωδεκάθεο δεν βλέπουμε την Εστία αλλά τον Διόνυσο.

Μια εστία με φλόγα που δεν **σβήνει** ποτέ υπάρχει όχι μόνο στα σπίτια αλλά και στο κέντρο κάθε πόλης. Από εκείνη την εστία οι αρχαίοι Έλληνες παίρνουν την **ιερή** φλόγα και τη **μεταφέρουν** σε κάθε νέα **αποικία**. Έτσι συμβολίζουν τον **δεσμό** ανάμεσα στις δύο πόλεις.

Το **κύριο** σύμβολο της Εστίας είναι η φωτιά, γι' αυτό στο χέρι της κρατάει **συνήθως** έναν **πυρσό**.

ΛΕΞΙΛΟΓΙΟ – VOCABULARY

καθημερινή = *(fem.)* daily	καθημερινός - καθημερινή - καθημερινό *from:* κάθε *(every)* + μέρα *(day)*
το κέντρο = center	
κυκλικός = circular	κυκλικός - κυκλική - κυκλικό ο κύκλος = circle
ο βωμός = altar	
καίει = it burns	*verb:* καίω = to burn
η φλόγα = flame	
η εστία = hearth	
verb: αφιερώνω = to dedicate	
η θυσία = sacrifice	
τελευταία = *(adj. fem.)* last	τελευταίος - τελευταία - τελευταίο
συνεπώς = *(adv.)* consequently	η συνέπεια = consequence
η ηλικία = age	μεγαλύτερος/μεγαλύτερη σε ηλικία = older μικρότερος/μικρότερη σε ηλικία = younger
ειρηνική = *(adj. fem.)* peaceful, conciliatory	ειρηνικός - ειρηνική - ειρηνικό = peaceful, pacific, conciliatory η ειρήνη = peace
φιλάνθρωπη = *(adj. fem.)* charitable	φιλάνθρωπος-φιλάνθρωπη-φιλάνθρωπο = philanthropic, charitable, humane
τους μονοιάζει = she reconciles them	*verb:* μονοιάζω = to reconcile
χαρακτηριστικό = *(adj. neut.)* characteristic	χαρακτηριστικός - χαρακτηριστική - χαρακτηριστικό = characteristic *as a noun:* το χαρακτηριστικό = feature, characteristic
το παράδειγμα = example	χαρακτηριστικό παράδειγμα = characteristic example
χώρο = *(masc. acc.)* space	ο χώρος = *(nom.)* space δεν έχουμε χώρο = we don't have space
δώσε μου = *(inst. imperative)* give me	*verb:* δίνω = to give
τρελός = *(adj. masc.)* crazy, insane	τρελός - τρελή - τρελό
συγκρίνεσαι = you are comparing yourself	*verb:* συγκρίνομαι = *(pass. v.)* to compare oneself συγκρίνω = *(act. v.)* to compare

ο μεθύστακας = drunkard	το μεθύσι = drunkenness *verb:* μεθάω / μεθώ = to get drunk
προσφέρει = she offers	*verb:* προσφέρω = to offer
απαραίτητο = *(adj. neut.)* necessary	απαραίτητος - απαραίτητη - απαραίτητο
προτιμάς = you prefer	*verb:* προτιμάω / προτιμώ = to prefer
απλώς = *(adv.)* simply	απλός - απλή - απλό = *(adj.)* simple
σιγά! = big deal!	*also:* σιγά = *(adv.)* slowly, quietly
ανόητος = *(adj. masc.)* foolish, stupid	
η αρμονία = harmony	
σβήνει = blows out, goes out	*verb:* σβήνω = put out (a fire), blow out, turn off (a light), to be put out *also:* erase
ιερή = *(adj. fem.)* sacred	ιερός - ιερή - ιερό = holy, sacred
μεταφέρουν = they transport	*verb:* μεταφέρω = to transport, to transfer
η αποικία = colony	
τον δεσμό = *(acc.)* bond	ο δεσμός = bond, link *also:* romantic relationship
κύριο = *(neut.)* main	κύριος - κύρια - κύριο
συνήθως = *(adv.)* usually	
ο πυρσός = torch	

ΓΡΑΜΜΑΤΙΚΗ – GRAMMAR

Ας κλίνουμε μερικά από τα ουσιαστικά του κειμένου. - Let's decline some of the nouns found in the text.

Αρσενικά – Masculine

Singular

Nom.	**ο βωμός**	**ο δεσμός**
Gen.	του βωμού	του δεσμού
Acc.	τον βωμό	τον δεσμό
Voc.	βωμέ	δεσμέ

Plural

Nom.	οι βωμοί	οι δεσμοί
Gen.	των βωμών	των δεσμών
Acc.	τους βωμούς	τους δεσμούς
Voc.	βωμοί	δεσμοί

Θηλυκά – Feminine

Singular

Nom.	**η αποικία**	**η εστία**	**η ζωή**	**η ηλικία**
Gen.	της αποικίας	της εστίας	της ζωής	της ηλικίας
Acc.	την αποικία	την εστία	τη ζωή	την ηλικία
Voc.	αποικία	εστία	ζωή	ηλικία

Plural

Nom.	οι αποικίες	οι εστίες	οι ζωές	οι ηλικίες
Gen.	των αποικιών	των εστιών	των ζωών	των ηλικιών
Acc.	τις αποικίες	τις εστίες	τις ζωές	τις ηλικίες
Voc.	αποικίες	εστίες	ζωές	ηλικίες

Singular

Nom.	**η θυσία**	**η οικογένεια**	**η φωτιά**
Gen.	της θυσίας	της οικογένειας	της φωτιάς
Acc.	τη θυσία	την οικογένεια	τη φωτιά
Voc.	θυσία	οικογένεια	φωτιά

Plural

Nom.	οι θυσίες	οι οικογένειες	οι φωτιές
Gen.	των θυσιών	των οικογενειών	των φωτιών
Acc.	τις θυσίες	τις οικογένειες	τις φωτιές
Voc.	θυσίες	οικογένειες	φωτιές

Ουδέτερα – Neuter

Singular

Nom.	**το κέντρο**	**το κρασί**	**το παράδειγμα**	**το σπίτι**
Gen.	του κέντρου	του κρασιού	του παραδείγματος	το σπιτιού
Acc.	το κέντρο	το κρασί	το παράδειγμα	το σπίτι
Voc.	κέντρο	κρασί	παράδειγμα	σπίτι

Plural

Nom.	τα κέντρα	τα κρασιά	τα παραδείγματα	τα σπίτια
Gen.	των κέντρων	των κρασιών	των παραδειγμάτων	των σπιτιών
Acc.	τα κέντρα	τα κρασιά	τα παραδείγματα	τα σπίτια
Voc.	κέντρα	κρασιά	παραδείγματα	σπίτια

Τώρα ας κλίνουμε μερικά από τα ρήματα του κειμένου στον ενεστώτα. – Now let's conjugate some of the verbs found in the text in the present tense.

<u>*Ενεστώτας*</u>
<u>*Simple present*</u>

εγώ	**αφιερώνω**	**καίω**	**μεταφέρω**
εσύ	αφιερώνεις	καις	μεταφέρεις
αυτός	αφιερώνει	καίει	μεταφέρει
εμείς	αφιερώνουμε	καίμε	μεταφέρουμε
εσείς	αφιερώνετε	καίτε	μεταφέρετε
αυτοί	αφιερώνουν	καίνε	μεταφέρουν(ε)

εγώ	**μονοιάζω**	**προτιμάω / προτιμώ**	**σβήνω**
εσύ	μονοιάζεις	προτιμάς	σβήνεις
αυτός	μονοιάζει	προτιμάει / προτιμά	σβήνει
εμείς	μονοιάζουμε	προτιμάμε / προτιμούμε	σβήνουμε
εσείς	μονοιάζετε	προτιμάτε	σβήνετε
αυτοί	μονοιάζουν(ε)	προτιμάνε / προτιμούν(ε)	σβήνουν(ε)

Verbs in the passive voice

εγώ	**συγκρίνομαι**
εσύ	συγκρίνεσαι
αυτός	συγκρίνεται
εμείς	συγκρινόμαστε
εσείς	συγκρίνεστε / συγκρινόσαστε*
αυτοί	συγκρίνονται

In the text we have the verb **δίνω** in the imperative, in the singular (addressed to one person): **δώσε**.
e.g. Δώσε μου ένα μολύβι. / Δώσ' μου ένα μολύβι = Give me a pencil.

In the plural / polite form, the imparative is: **δώστε**.
e.g. Δώστε μου λίγο χρόνο = Give me some time
    Δώστε μας μια ευκαιρία = Give us a chance

colloquial

ΣΗΜΕΙΩΣΕΙΣ – NOTES

ΑΣΚΗΣΕΙΣ – EXERCISES

1. Σωστό ή λάθος; – True or false?

		Σωστό	**Λάθος**
a.	Η Εστία παίζει πολύ μικρό ρόλο στην καθημερινή ζωή των Ελλήνων.	☐	☐
b.	Σε όλες τις γιορτές, οι άνθρωποι αφιερώνουν στην Εστία την πρώτη και την τελευταία θυσία.	☐	☐
c.	Η Εστία είναι το μικρότερο παιδί του Κρόνου και της Ρέας.	☐	☐
d.	Η Εστία είναι η πιο ειρηνική από όλους τους θεούς.	☐	☐
e.	Η Εστία δίνει τον θρόνο της Ήρας στον Διόνυσο.	☐	☐
f.	Οι θεοί πρέπει να δίνουν το καλό παράδειγμα στους ανθρώπους.	☐	☐
g.	Στα σπίτια των αρχαίων Ελλήνων υπάρχει μια εστία με μια φλόγα που δεν σβήνει ποτέ.	☐	☐

2. Βάλε τα ουσιαστικά στον πληθυντικό. – Put the nouns in the plural.

a. το σπίτι   _____

b. η οικογένεια   _____

c. ο ρόλος   _____

d. το κέντρο   _____

e. ο βωμός   _____

f. η φλόγα   _____

g. η εστία   _____

h. η θυσία   _____

i. το παιδί   _____

j. το παράδειγμα   _____

k. ο θρόνος   _____

l. η πόλη   _____

m. η αποικία   _____

n. ο δεσμός   _____

o. ο πυρσός

3. Συμπλήρωσε τα κενά με τα ρήματα στο πλαίσιο. – Fill in the blanks with the verbs in the box.

> αφιερώνουν - παίρνει - υπάρχει - σπιτιού - μαλώνουν - δίνει - παίζει - κόρη - μονοιάζει

a. Η Εστία _____ σημαντικό ρόλο στην καθημερινή ζωή των ανθρώπων.

b. Η Εστία είναι η προστάτιδα του _____ και της οικογένειας.

c. Στο κέντρο κάθε σπιτιού, _____ ένας βωμός που λέγεται «εστία».

d. Οι άνθρωποι _____ στην Εστία την πρώτη και την τελευταία θυσία στις γιορτές τους.

e. Η Εστία είναι _____ της Ρέας και του Κρόνου.

f. Η Εστία δεν _____ μέρος σε πολέμους.

g. Όταν οι θεοί _____ μεταξύ τους, η Εστία τούς _____.

h. Η Εστία _____ τον θρόνο της στον Διόνυσο.

4. Βάλε τα ρήματα στο 1º πρόσωπο του πληθυντικού. – Put the verbs in the 1st person plural.

e.g. είναι —————είμαστε—————

a. παίζει ————————————

b. υπάρχει ————————————

c. καίει ————————————

d. μεταφέρουν ————————————

e. αφιερώνουν ————————————

f. προσφέρει ————————————

g. παίρνει ————————————

h. σέβονται ————————————

i. μονοιάζει ————————————

j. μαλώνουν ————————————

k. δίνει ————————————

l. προτιμάς ————————————

m. σβήνει ————————————

n. συγκρίνεσαι ————————————

o. συμβολίζω ————————————

5. Διάλεξε τη σωστή απάντηση. – Choose the right answer.

a. Η Εστία ...

   i. είναι μικρότερη από τον Δία
   ii. είναι μεγαλύτερη από τον Δία
   iii. έχει την ίδια ηλικία με τον Δία
   iv. δεν ξέρουμε

b. Στον Τρωικό πόλεμο, η Εστία ...

   i. είναι με το μέρος των Ελλήνων
   ii. είναι με το μέρος των Τρώων
   iii. δεν παίρνει μέρος
   iv. δεν ξέρουμε

c. Η Εστία δίνει τον θρόνο της ...

   i. στον Δία
   ii. στον Διόνυσο
   iii. στον Πλούτωνα
   iv. σε κανέναν από τους παραπάνω

d. Υπάρχει μια εστία ...

   i. στον Όλυμπο
   ii. στο κέντρο κάθε πόλης
   iii. στην πόρτα κάθε σπιτιού
   iv. όλα τα παραπάνω

e. Σύμβολο της Εστίας είναι ...

   i. ο κεραυνός
   ii. το μήλο
   iii. η φωτιά
   iv. η ασπίδα

f. Όταν οι θεοί μαλώνουν μεταξύ τους, η Εστία ...

   i. τους δίνει τον θρόνο της
   ii. τους μαλώνει
   iii. τους δίνει κρασί
   iv. τους μονοιάζει

ΛΥΣΕΙΣ ΤΩΝ ΑΣΚΗΣΕΩΝ – ANSWERS TO THE EXERCISES

1. a. Λάθος, b. Σωστό, c. Λάθος, d. Σωστό, e. Λάθος, f. Σωστό, g. Σωστό

2. a. τα σπίτια, b. οι οικογένειες, c. οι ρόλοι, d. τα κέντρα, e. οι βωμοί, f. οι φλόγες, g. οι εστίες, h. οι θυσίες, i. τα παιδιά, j. τα παραδείγματα, k. οι θρόνοι, l. οι πόλεις, m. οι αποικίες, n. οι δεσμοί, o. οι πυρσοί

3. a. παίζει, b. σπιτιού, c. υπάρχει, d. αφιερώνουν, e. κόρη, f. παίρνει, g. μαλώνουν, μονοιάζει, h. δίνει

4. a. παίζουμε
   b. υπάρχουμε
   c. καίμε
   d. μεταφέρουμε
   e. αφιερώνουμε
   f. προσφέρουμε
   g. παίρνουμε
   h. σεβόμαστε
   i. μονοιάζουμε
   j. μαλώνουμε
   k. δίνουμε
   l. προτιμάμε/προτιμούμε
   m. σβήνουμε
   n. συγκρινόμαστε
   o. συμβολίζουμε

5. a. ii. είναι μεγαλύτερη από τον Δία
   b. iii. δεν παίρνει μέρος
   c. ii. στον Διόνυσο
   d. ii. στο κέντρο κάθε πόλης
   e. iii. η φωτιά
   f. iv. τους μονοιάζει

11. Ο Απόλλωνας
Apollo

Ο Απόλλωνας είναι ο θεός της μουσικής, του φωτός, του ήλιου και της **μαντικής τέχνης**, αλλά και της **τοξοβολίας**, της **έμπνευσης**, της **ποίησης**, της **ανδρικής ομορφιάς** και της **ιατρικής**. Ένα από τα παιδιά του είναι ο Ασκληπιός, που θεωρείται πατέρας της ιατρικής και ο πρώτος γιατρός της **ανθρωπότητας**. Είναι καλός γιατρός αλλά αυτό δεν **συμφέρει** τον Πλούτωνα. Έτσι, ο Πλούτωνας κάνει **παράπονα** στον Δία.

Πλούτωνας: Δία, έχω ένα μεγάλο πρόβλημα.

Δίας: Κι εγώ. Η Ήρα δεν μου μιλάει **εδώ και** δυο μέρες. Μου **κρατάει μούτρα**. Ξέρει ότι την απατάω.

Πλούτωνας: Το δικό μου πρόβλημα είναι **σοβαρότερο**. Ο Ασκληπιός, ο γιος του Απόλλωνα, **θεραπεύει** όλες τις αρρώστιες!

Δίας: Κακό είναι αυτό;

Πλούτωνας: Πολύ κακό! Δεν έρχονται πια **ψυχές** στον Άδη!

Δίας: Αμάν! Αυτό είναι πράγματι μεγάλο πρόβλημα. **Μην ανησυχείς, θα το κανονίσω**.

Πλούτωνας: Τι θα κάνεις ακριβώς;

Δίας: Θα τον **χτυπήσω** με έναν κεραυνό.

Πλούτωνας: **Καταπληκτική** ιδέα. Ευχαριστώ, αδελφέ.

Κι έτσι, **πάει** ο Ασκληπιός.

Όπως η Αφροδίτη είναι η ομορφότερη θεά, ο Απόλλωνας είναι ο ομορφότερος θεός. Έχει **ψηλό** και **καλογυμνασμένο** σώμα, **μακριά ξανθά** μαλλιά και **γαλάζια μάτια**. Οι νέοι τού αφιερώνουν τα μαλλιά τους όταν τα **κόβουν** για πρώτη φορά.

Ο Απόλλωνας είναι **δίδυμος** αδελφός της θεάς Άρτεμης. Πατέρας τους είναι ο Δίας και μητέρα τους η Λητώ. Τα δυο αδέλφια μαζί πολεμούν **στο πλευρό** των Τρώων **εναντίον** των Ελλήνων στον Τρωικό πόλεμο.

Στον Απόλλωνα, ως θεό της μαντικής τέχνης, είναι αφιερωμένο το **Μαντείο των Δελφών**. Εκεί η Πυθία, μια **ιέρεια** που κάθεται πάνω σε έναν χρυσό **τρίποδα**, **φανερώνει** στους ανθρώπους τη **βούληση** των θεών.

Ως θεός της μουσικής, ο Απόλλωνας είναι **επικεφαλής** των εννέα **Μουσών**. Στις γιορτές των θεών στον Όλυμπο, παίζει μουσική με τη **λύρα** του **καθώς** οι Μούσες **χορεύουν** και **τραγουδούν**.

Σύμβολα του Απόλλωνα είναι η λύρα, ο ήλιος, η **δάφνη**, το τόξο και το βέλος.

ΛΕΞΙΛΟΓΙΟ – VOCABULARY

της μαντικής τέχνης = *(gen.)* of the art of divination	μαντικός - μαντική - μαντικό *verb:* μαντεύω = to guess, predict
της τοξοβολίας = *(gen.)* of archery	η τοξοβολία = *(nom.)* archery
της έμπνευσης = *(gen.)* of inspiration	η έμπνευση = *(nom.)* inspiration *verb:* εμπνέω = to inspire εμπνέομαι = *(pass. v.)* to be inspired
της ποίησης = *(gen.)* of poetry	η ποίηση = *(nom.)* poetry το ποίημα = poem ο ποιητής – η ποιήτρια = poet
της ανδρικής ομορφιάς = of male beauty	ανδρικός - ανδρική - ανδρικό = men's, male
της ιατρικής = of medicine	η ιατρική = *(nom.)* medicine (the science)
της ανθρωπότητας = of humanity, of humankind	η ανθρωπότητα = *(nom.)* humanity, humankind
δεν συμφέρει τον Πλούτωνα = it is not in Pluto's best interest	*verb:* συμφέρω = to be in sb's best interest, to be advantageous
τα παράπονα = complaints	το παράπονο = *(sing.)* complaint κάνω παράπονα = παραπονιέμαι = to complain
εδώ και δυο μέρες = for two days now	εδώ και + *accusative* εδώ και έναν χρόνο = for one year now, since one year ago εδώ και πολύ καιρό = for a long time now
κρατάει μούτρα = she is sulking	κρατάω μούτρα = to sulk το μούτρο / τα μούτρα = *(slang)* face
σοβαρότερο = *(comparative)* more serious	σοβαρός - σοβαρή - σοβαρό = serious σοβαρότερος = πιο σοβαρός = more serious
θεραπεύει = he heals	*verb:* θεραπεύω = to cure, to heal
οι ψυχές = souls	η ψυχή = *(nom. sing.)* soul
μην ανησυχείς = don't worry	*verb:* ανησυχώ = to worry, to be concerned
θα το κανονίσω = I will take care of it	*verb:* κανονίζω = to take care of, to arrange
θα τον χτυπήσω = I will strike him	*verb:* χτυπάω/χτυπώ = to hit, to strike
καταπληκτική = *(adj. fem.)* great, amazing	καταπληκτικός - καταπληκτική - καταπληκτικό
πάει = he's gone	*expresion:* πάει κι αυτό = so much for that, it's gone
ψηλό = *(neut.)* tall	ψηλός - ψηλή - ψηλό = tall, high

καλογυμνασμένο = (neut.) very fit	το γυμνασμένο σώμα = fit body το καλογυμνασμένο σώμα = very fit body
ξανθά μαλλιά = (neut. pl.) blond	ξανθός - ξανθή – ξανθό = blond τα ξανθά μαλλιά = blond hair
σγουρά = (neut. pl.) curly	σγουρός - σγουρή - σγουρό
μακριά = (neut. pl.) long	μακρύς - μακριά - μακρύ μακριοί - μακριές - μακριά
γαλάζια = (neut. pl.) blue	γαλάζιος - γαλάζια - γαλάζιο
τα μάτια = eyes	το μάτι = (sing.) eye
κόβουν = they cut	verb: κόβω = to cut
δίδυμος = (masc.) twin	δίδυμος - δίδυμη - δίδυμο
στο πλευρό των Τρώων = on the Trojans' side	το πλευρό = side, rib, flank
εναντίον + genitive = against	
το Μαντείο των Δελφών = the Oracle of Delphi	το μαντείο = oracle οι Δελφοί = Delphi
η ιέρεια = priestess	ο ιερέας = priest
έναν τρίποδα = (acc.) tripod	ο τρίποδας = tripod
φανερώνει = she reveals	verb: φανερώνω = to reveal
η βούληση = the will	syn.: το θέλημα
επικεφαλής = in charge of also: leader, director, head	επικεφαλής literally means "at the forefront, at the helm" and is not conjugated ο επικεφαλής του στρατού η επικεφαλής της εταιρείας η δουλειά του επικεφαλής της ομάδας
των Μουσών = (gen. pl.) of the Muses	η Μούσα = (nom. sing.) Muse οι Μούσες = (nom. pl.) Muses η μούσα = (with a lowercase **μ**) any goddess or woman that inspires a poet or an artist.
η λύρα = lyre	
καθώς = as, while	
χορεύουν = they dance	verb: χορεύω = to dance
τραγουδούν = they sing	verb: τραγουδάω/τραγουδώ = to sing
η δάφνη = laurel, bay	

ΓΡΑΜΜΑΤΙΚΗ – GRAMMAR

Ας κλίνουμε μερικά από τα ουσιαστικά του κειμένου. - Let's decline some of the nouns found in the text.

Αρσενικά – Masculine

Singular

Nom.	**ο γιατρός**	**ο ήλιος**
Gen.	του γιατρού	του ήλιου
Acc.	τον γιατρό	τον ήλιο
Voc.	γιατρέ	ήλιε

Plural

Nom.	οι γιατροί	οι ήλιοι
Gen.	των γιατρών	των ήλιων
Acc.	τους γιατρούς	τους ήλιους
Voc.	γιατροί	ήλιοι

Θηλυκά – Feminine

Singular

Nom.	**η ιδέα**	**η μούσα**	**η φορά**	**η ψυχή**
Gen.	της ιδέας	της μούσας	της φοράς	της ψυχής
Acc.	την ιδέα	τη μούσα	τη φορά	την ψυχή
Voc.	ιδέα	μούσα	φορά	ψυχή

Plural

Nom.	οι ιδέες	οι μούσες	οι φορές	οι ψυχές
Gen.	των ιδεών	των μουσών	των φορών	των ψυχών
Acc.	τις ιδέες	τις μούσες	τις φορές	τις ψυχές
Voc.	ιδέες	μούσες	φορές	ψυχές

Ουδέτερα – Neuter

Singular

Nom.	**το μάτι**	**το παράπονο**	**το πλευρό**	**το σώμα**
Gen.	του ματιού	του παραπόνου	του πλευρού	του σώματος
Acc.	το μάτι	το παράπονο	το πλευρό	το σώμα
Voc.	μάτι	παράπονο	πλευρό	σώμα

Plural

Nom.	τα μάτια	τα πράπονα	τα πλευρά	τα σώματα
Gen.	των ματιών	των παραπόνων	των πλευρών	των σωμάτων
Acc.	τα μάτια	τα παράπονα	τα πλευρά	τα σώματα
Voc.	μάτια	παράπονα	πλευρά	σώματα

Τώρα ας κλίνουμε μερικά από τα ρήματα του κειμένου στον ενεστώτα. – Now let's conjugate some of the verbs found in the text in the present tense.

Ενεστώτας
Simple present

εγώ	**ανησυχώ**	**θεραπεύω**	**κανονίζω**
εσύ	ανησυχείς	θεραπεύεις	κανονίζεις
αυτός	ανησυχεί	θεραπεύει	κανονίζει
εμείς	ανησυχούμε	θεραπεύουμε	κανονίζουμε
εσείς	ανησυχείτε	θεραπεύετε	κανονίζετε
αυτοί	ανησυχούν(ε)	θεραπεύουν(ε)	κανονίζουν(ε)

εγώ	**κόβω**	**μιλάω / μιλώ**	**συμφέρω**
εσύ	κόβεις	μιλάς	συμφέρεις
αυτός	κόβει	μιλάει / μιλά	συμφέρει
εμείς	κόβουμε	μιλάμε / μιλούμε	συμφέρουμε
εσείς	κόβετε	μιλάτε	συμφέρετε
αυτοί	κόβουν(ε)	μιλάνε / μιλούν(ε)	συμφέρουν(ε)

εγώ	**τραγουδάω / τραγουδώ**	**φανερώνω**	**χορεύω**
εσύ	τραγουδάς	φανερώνεις	χορεύεις
αυτός	τραγουδάει / τραγουδά	φανερώνει	χορεύει
εμείς	τραγουδάμε / τραγουδούμε	φανερώνουμε	χορεύουμε
εσείς	τραγουδάτε	φανερώνετε	χορεύετε
αυτοί	τραγουδάνε / τραγουδούν(ε)	φανερώνουν(ε)	χορεύουν(ε)

In the text, we have the verbs **κανονίζω** and **χτυπάω** in the instantaneous future: **θα κανονίσω, θα χτυπήσω**. Let's conjugate them.

Instantaneous future
Στιγμιαίος μέλλοντας

εγώ	**θα κανονίσω**	θα χτυπήσω
εσύ	θα κανονίσεις	θα χτυπήσεις
αυτός	θα κανονίσει	θα χτυπήσει
εμείς	θα κανονίσουμε	θα χτυπήσουμε
εσείς	θα κανονίσετε	θα χτυπήσετε
αυτοί	θα κανονίσουν(ε)	θα χτυπήσουν(ε)

ΣΗΜΕΙΩΣΕΙΣ – NOTES

ΑΣΚΗΣΕΙΣ – EXERCISES

1. Σωστό ή λάθος; – True or false?

		Σωστό	**Λάθος**
a.	Ο Απόλλωνας είναι πολύ όμορφος θεός.	☐	☐
b.	Ο Απόλλωνας είναι πατέρας του Ασκληπιού.	☐	☐
c.	Ο Πλούτωνας χτυπάει τον Ασκληπιό.	☐	☐
d.	Ο Απόλλωνας είναι ο πρώτος γιατρός της ανθρωπότητας.	☐	☐
e.	Ο Απόλλωνας είναι ψηλός, γυμνασμένος και ξανθός με μαύρα μάτια.	☐	☐
f.	Ο Απόλλωνας και η Άρτεμη είναι δίδυμα αδέλφια.	☐	☐
g.	Στον Τρωικό πόλεμο, ο Απόλλωνας είναι με το μέρος των Τρώων.	☐	☐
h.	Ο Απόλλωνας κάθεται σε έναν τρίποδα στο Μαντείο των Δελφών.	☐	☐

2. Βάλε τα παρακάτω ουσιαστικά στον πληθυντικό. – Put the following nouns in the plural.

a. το φως	_____

b. η τέχνη	_____

c. ο γιατρός	_____

d. το παράπονο	_____

e. η ψυχή	_____

f. το σώμα	_____

g. το μάτι	_____

h. ο κεραυνός	_____

i. η ιδέα	_____

j. ο αδελφός	_____

k. η ιέρεια	_____

3. Άλλαξε την πτώση των ουσιαστικών από γενική σε ονομαστική. – Change the case of the nouns from genitive to nominative.

e.g. της μουσικής _____ η μουσική _____

a. του φωτός _____

b. του ήλιου _____

c. της τέχνης _____

d. της τοξοβολίας _____

e. της έμπνευσης _____

f. της ποίησης _____

g. της ομορφιάς _____

h. της ιατρικής _____

i. της ανθρωπότητας _____

j. του σώματος _____

k. του πατέρα _____

l. του πολέμου _____

m. της λύρας _____

n. του μαντείου _____

o. της Μούσας _____

4. Ξαναγράψε τις προτάσεις βάζοντας τα ρήματα στο σωστό πρόσωπο. – Rewrite the sentences, putting the verbs in the correct person.

a. Ο Απόλλωνας **είσαι** ο θεός της μουσικής και του φωτός.

   _____

b. Ένα από τα παιδιά του Απόλλωνα **είμαι** ο Ασκληπιός.

   _____

c. Ο Ασκληπιός **θεραπεύετε** όλες τις αρρώστιες.

   _____

d. Ο νέοι **αφιερώνεις** τα μαλλιά τους στον Απόλλωνα όταν τα **κόβεις** για πρώτη φορά.

   _____

   _____

e. Η Άρτεμη και ο Απόλλωνας **πολεμούμε** στο πλευρό των Τρώων.

   _____

   _____

f. Στις γιορτές των θεών, ο Απόλλωνας **παίζετε** λύρα και οι Μούσες **χορεύουμε** και **τραγουδώ**.

---

g. Η Πυθία **κάθεστε** σε έναν τρίποδα στο Μαντείο των Δελφών.

---

h. Η Πυθία **φανερώνεις** το θέλημα των θεών.

---

5. Βάλε τις λέξεις στη σωστή σειρά για να φτιάξεις προτάσεις. – Put the words in the right order to make sentences.

a. του – γιος – είναι – Ο – Ασκληπιός – Απόλλωνα

b. παράπονα – Ο – Δία – κάνει – Πλούτωνας – στον

c. έναν – χτυπάει – τον – Δίας – Ο – κεραυνό – με – Ασκληπιό

d. δίδυμη – το – Η – είναι – η – Απόλλωνα – Άρτεμη – αδελφή

e. είναι – ομορφότερος – Ο – Απόλλωνας – ο – θεός

f. | πόλεμο – τους – Απόλλωνας – στον – Τρώες – βοηθάει – Ο – Τρωικό

g. | των – Απόλλωνας – λύρα – Στις – παίζει – ο – γιορτές – θεών

ΛΥΣΕΙΣ ΤΩΝ ΑΣΚΗΣΕΩΝ – ANSWERS TO THE EXERCISES

1. a. Σωστό, b. Σωστό, c. Λάθος, d. Λάθος, e. Λάθος, f. Σωστό,
   g. Σωστό, h. Λάθος

2. a. τα φώτα, b. οι τέχνες, c. οι γιατροί, d. τα παράπονα, e. οι ψυχές,
   f. τα σώματα, g. τα μάτια, h. οι κεραυνοί, i. οι ιδέες, j. οι αδελφοί,
   k. οι ιέρειες

3. a. το φως, b. ο ήλιος, c. η τέχνη, d. η τοξοβολία, e. η έμπνευση,
   f. η ποίηση, g. η ομορφιά, h. η ιατρική, i. η ανθρωπότητα, j. το σώμα,
   k. ο πατέρας, l. ο πόλεμος, m. η λύρα, n. το μαντείο, o. η Μούσα

4. a. είναι, b. είναι, c. θεραπεύει, d. αφιερώνουν(ε), κόβουν(ε),
   e. πολεμάνε / πολεμούν(ε), f. παίζει, χορεύουν(ε),
   τραγουδούν(ε)/τραγουδάνε, g. κάθεται, h. φανερώνει

5. a. Ο Ασκληπιός είναι γιος του Απόλλωνα.

   b. Ο Πλούτωνας κάνει παράπονα στον Δία.

   c. Ο Δίας χτυπάει τον Ασκληπιό με έναν κεραυνό.

   d. Η Άρτεμη είναι η δίδυμη αδελφή του Απόλλωνα. /
      Η δίδυμη αδελφή του Απόλλωνα είναι η Άρτεμη.

   e. Ο Απόλλωνας είναι ο ομορφότερος θεός. /
      Ο ομορφότερος θεός είναι ο Απόλλωνας.

   f. Ο Απόλλωνας βοηθάει τους Τρώες στον Τρωικό πόλεμο./
      Ο Απόλλωνας, στον Τρωικό πόλεμο, βοηθάει τους Τρώες.

   g. Στις γιορτές των θεών, ο Απόλλωνας παίζει λύρα.

12. Η Ἄρτεμη
Artemis

Η Άρτεμη είναι η δίδυμη αδελφή του θεού Απόλλωνα. Πατέρας της είναι ο Δίας και μητέρα της η Λητώ.

Η Άρτεμη είναι η θεά του **κυνηγιού** και της τοξοβολίας. Επίσης, όπως ο δίδυμος αδελφός της είναι ο θεός του Ήλιου, η Άρτεμη είναι η θεά της **Σελήνης**. Είναι προστάτιδα των μικρών παιδιών και των ζώων. Περνά τον περισσότερο χρόνο της στα **δάση** γιατί η αγαπημένη της **ασχολία** είναι το κυνήγι. Είναι πάρα πολύ καλή στο **σημάδι**· δεν **αστοχεί** ποτέ με το τόξο της. **Συνοδεύεται** πάντα από **κυνηγόσκυλα** και από τις Νύμφες, οι οποίες είναι νέες και όμορφες κοπέλες. Επίσης, στις **βόλτες** της στα δάση, τη **συνοδεύει** πάντα το αγαπημένο της **ελάφι**.

Η Άρτεμη είναι πολύ όμορφη, **πανέξυπνη** και πολύ **δυναμική**. Πάντα ξέρει τι θέλει και είναι **σταθερή** στις **αποφάσεις** της. Ο Δίας τη θαυμάζει για τον **δυναμισμό** και την **αποφασιστικότητά** της και της κάνει όλα τα **χατίρια**. Είναι παρθένα και **αγνή**. Είναι **αφοσιωμένη** στη φύση και στο κυνήγι και **αδιαφορεί** για τον έρωτα και τον **γάμο**.

Η Άρτεμη είναι πολύ **αυστηρή** και δεν **συγχωρεί** ποτέ. Όταν **θυμώνει** πολύ με κάποιον, του ρίχνει τα **θανατηφόρα** βέλη της. Τιμωρεί όσους δεν σέβονται τα ζώα και τα φυτά και τα **καταστρέφουν άδικα**. Αντίθετα, έχει **αδυναμία** στα παιδιά και στους νέους που **διατηρούν** την **αθωότητά** τους. Τα κορίτσια αφιερώνουν σε εκείνη τα πρώτα τους **κομμένα** μαλλιά.

Η Άρτεμη λατρεύεται σε όλη την Ελλάδα. Οι αρχαίοι Έλληνες τη θαυμάζουν και θυσιάζουν στους βωμούς της **κριάρια**, **βόδια** και

ταύρους. Ένα από τα **εφτά θαύματα του αρχαίου κόσμου** είναι ο ναός της Άρτεμης στην **Έφεσο**.

Σύμβολα της Άρτεμης είναι η σελήνη, το τόξο, τα βέλη, το ελάφι, το **λιοντάρι**, ο **λαγός** και πολλά άλλα ζώα.

ΛΕΞΙΛΟΓΙΟ – VOCABULARY

του κυνηγιού = *(gen.)* of hunting	το κυνήγι = *(nom.)* hunting
της Σελήνης = *(gen.)* of the Moon	η Σελήνη = *(nom.)* the Earth's moon
τα δάση = forests	το δάσος = *(sing.)* forest
η ασχολία = pastime, occupation	
το σημάδι = aiming *also:* mark	είμαι καλός στο σημάδι = I am good at aiming
αστοχεί = she misses	*verb:* αστοχώ = to miss (a target/mark)
συνοδεύεται = she is accompanied	*verb:* συνοδεύομαι = to be accompanied
τα κυνηγόσκυλα = hunting dogs	το κυνυγόσκηλο *(sing.)* = hound dog, hunting dog
οι βόλτες = strolls, walks	η βόλτα *(sing.)*
τη συνοδεύει = it accompanies her	*verb:* συνοδεύω = to accompany
το ελάφι = deer	
πανέξυπνη = *(adj. fem.)* extremely smart, brilliant	πανέξυπνος - πανέξυπνη - πανέξυπνο
δυναμική = *(adj. fem.)* dynamic	δυναμικός - δυναμική - δυναμικό
σταθερή = *(adj. fem.)* stable, steady	σταθερός - σταθερή - σταθερό
οι αποφάσεις = decisions	η απόφαση *(sing.)* = decision
τον δυναμισμό = *(acc.)* dynamism	ο δυναμισμός = *(nom.)* dynamism, vigor, great energy
η αποφασιστικότητα = decisiveness, determination	
τα χατίρια = favors	της κάνει όλα τα χατίρια = he fulfills all of her desires
αγνή = *(fem.)* pure	αγνός - αγνή - αγνό
αφοσιωμένη = *(ppl. fem.)* dedicated	*verb:* αφοσιώνομαι = to devote/ dedicate oneself
αδιαφορεί = she does not care	*verb:* αδιαφορώ = to be indifferent, not care
ο γάμος = marriage *also:* wedding	
αυστηρή = *(fem.)* strict	αυστηρός - αυστηρή - αυστηρό
συγχωρεί = she forgives	*verb:* συγχωρώ = to forgive
θυμώνει = she gets angry	*verb:* θυμώνω = to get angry

θανατηφόρα = *(neut. pl.)* lethal, fatal	θανατηφόρος-θανατηφόρα-θανατηφόρο θανατηφόροι-θανατηφόρες-θανατηφόρα
καταστρέφουν = they destroy	*verb:* καταστρέφω = to destroy
άδικα = *(adv.)* unfairly	άδικος - άδικη - άδικο = *(adj.)* unfair
η αδυναμία = weakness	έχω αδυναμία (σε κάτι) = to have a weakness/preference for
διατηρούν = they maintain	*verb:* διατηρώ = to maintain
η αθωότητα = innocence *also:* naivety	
κομμένα = *(ppl. neut. pl.)* cut	κομμένα μαλλιά = cut hair κομμένος - κομμένη - κομμένο = *(ppl.)* cut
τα κριάρια = rams	το κριάρι = *(sing.)* ram
τα βόδια = oxen	το βόδι = *(sing.)* ox
ταύρους = *(acc. neut.)* bulls	ο ταύρος = *(nom. sing.)* bull
τα εφτά θαύματα του αρχαίου κόσμου = the seven wonders of the ancient world	τα θαύματα = wonders, miracles το θαύμα = *(sing.)* wonder, miracle ο αρχαίος κόσμος = the ancient world αρχαίος – αρχαία - αρχαίο = ancient
στην Έφεσο = in Ephesus	η Έφεσος *(nom.)* = Ephesus
το λιοντάρι = lion	
ο λαγός = hare	

ΓΡΑΜΜΑΤΙΚΗ – GRAMMAR

Ας κλίνουμε μερικά από τα ουσιαστικά του κειμένου. - Let's decline some of the nouns found in the text.

Αρσενικά – Masculine

Singular

Nom.	**ο έρωτας**	**ο λαγός**	**ο νέος**	**ο ταύρος**
Gen.	του έρωτα	του λαγού	του νέου	του ταύρου
Acc.	τον έρωτα	τον λαγό	τον νέο	τον ταύρο
Voc.	έρωτα	λαγέ	νέε	ταύρε

Plural

Nom.	οι έρωτες	οι λαγοί	οι νέοι	οι ταύροι
Gen.	των ερώτων	των λαγών	των νέων	των ταύρων
Acc.	τους έρωτες	τους λαγούς	τους νέους	τους ταύρους
Voc.	έρωτες	λαγοί	νέοι	ταύροι

Θηλυκά – Feminine

Singular

Nom.	**η απόφαση**	**η ασχολία**	**η βόλτα**
Gen.	της απόφασης	της ασχολίας	της βόλτας
Acc.	την απόφαση	την ασχολία	τη βόλτα
Voc.	απόφαση	ασχολία	βόλτα

Plural

Nom.	οι αποφάσεις	οι ασχολίες	οι βόλτες
Gen.	των αποφάσεων	των ασχολιών	των βολτών
Acc.	τις αποφάσεις	τις ασχολίες	τις βόλτες
Voc.	αποφάσεις	ασχολίες	βόλτες

Ουδέτερα – Neuter

Singular

Nom.	**το βόδι**	**το δάσος**	**το ελάφι**
Gen.	του βοδιού	του δάσους	του ελαφιού
Acc.	το βόδι	το δάσος	το ελάφι
Voc.	βόδι	δάσος	ελάφι

Plural

Nom.	τα βόδια	τα δάση	τα ελάφια
Gen.	των βοδιών	των δασών	των ελαφιών
Acc.	τα βόδια	τα δάση	τα ελάφια
Voc.	βόδια	δάση	ελάφια

Singular

Nom.	**το θαύμα**	**το κορίτσι**	**το κριάρι**
Gen.	του θαύματος	του κοριτσιού	του κριαριού
Acc.	το θαύμα	το κορίτσι	το κριάρι
Voc.	θαύμα	κορίτσι	κριάρι

Plural

Nom.	τα θαύματα	τα κορίτσια	τα κριάρια
Gen.	των θαυμάτων	των κοριτσιών	των κριαριών
Acc.	τα θαύματα	τα κορίτσια	τα κριάρια
Voc.	θαύματα	κορίτσια	κριάρια

	Singular		
Nom.	**το λιοντάρι**	**το σημάδι**	**το χατίρι**
Gen.	του λιονταριού	του σημαδιού	του χατιριού
Acc.	το λιοντάρι	το σημάδι	το χατίρι
Voc.	λιοντάρι	σημάδι	χατίρι

	Plural		
Nom.	τα λιοντάρια	τα σημάδια	τα χατίρια
Gen.	των λιονταριών	των σημαδιών	των χατιριών
Acc.	τα λιοντάρια	τα σημάδια	τα χατίρια
Voc.	λιοντάρια	σημάδια	χατίρια

Τώρα ας κλίνουμε μερικά από τα ρήματα του κειμένου στον ενεστώτα. – Now let's conjugate some of the verbs found in the text in the present tense.

Ενεστώτας
Simple present

εγώ	**αδιαφορώ**	**αστοχώ**	**διατηρώ**
εσύ	αδιαφορείς	αστοχείς	διατηρείς
αυτός	αδιαφορεί	αστοχεί	διατηρεί
εμείς	αδιαφορούμε	αστοχούμε	διατηρούμε
εσείς	αδιαφορείτε	αστοχείτε	διατηρείτε
αυτοί	αδιαφορούν(ε)	αστοχούν(ε)	διατηρούν(ε)

εγώ	**θυσιάζω**	**καταστρέφω**	**συνοδεύω**
εσύ	θυσιάζεις	καταστρέφεις	συνοδεύεις
αυτός	θυσιάζει	καταστρέφει	συνοδεύει
εμείς	θυσιάζουμε	καταστρέφουμε	συνοδεύουμε
εσείς	θυσιάζετε	καταστρέφετε	συνοδεύετε
αυτοί	θυσιάζουν(ε)	καταστρέφουν(ε)	συνοδεύουν(ε)

Verbs in the passive voice

We just conjugated the verb ***συνοδεύω*** above, which is in the active voice. We also have it in the passive voice in the text: ***συνοδεύομαι*** *(η Άρτεμη συνοδεύεται πάντα από κυνηγόσκυλα).*

εγώ	**συνοδεύομαι**
εσύ	συνοδεύεσαι
αυτός	συνοδεύεται
εμείς	συνοδευόμαστε
εσείς	συνοδεύεστε/ συνοδευόσαστε*
αυτοί	συνοδεύονται

* colloquial

ΣΗΜΕΙΩΣΕΙΣ – NOTES

ΑΣΚΗΣΕΙΣ – EXERCISES

1. Σωστό ή λάθος; – True or false?

		Σωστό	**Λάθος**
a.	Η Άρτεμη είναι η θεά του κυνηγιού, της τοξοβολίας και του ήλιου.	☐	☐
b.	Η Άρτεμη και ο Απόλλωνας είναι δίδυμα αδέλφια.	☐	☐
c.	Η Άρτεμη περνάει τον περισσότερο χρόνο της στον Άδη.	☐	☐
d.	Η αγαπημένη ασχολία της Άρτεμης είναι οι βόλτες στα δάση.	☐	☐
e.	Η Άρτεμη είναι πολύ καλή στο κυνήγι και δεν αστοχεί ποτέ.	☐	☐
f.	Η Άρτεμη είναι καλόκαρδη και συγχωρεί πάντα τους άλλους.	☐	☐
g.	Ο ναός της Άρτεμης στην Έφεσο είναι ένα από τα εφτά θαύματα του κόσμου.	☐	☐

2. Ξαναγράψε τις προτάσεις βάζοντας τα ρήματα στο σωστό πρόσωπο. – Rewrite the sentences, putting the verbs in the correct person.

a. Μητέρα της Άρτεμης **είμαστε** η Λητώ.

   ----

b. Η Άρτεμη δεν **αστοχείς** ποτέ με το τόξο της.

   ----

c. Η Άρτεμη **περνάτε** πολύ χρόνο στα δάση γιατί **αγαπούν** πολύ το κυνήγι.

   ----

d. Ο Δίας **θαυμάζουμε** την Άρτεμη για τον δυναμισμό της και της **κάνεις** όλα τα χατίρια.

   ----

e. Η Άρτεμη **συνοδευόμαστε** πάντα από κυνηγόσκυλα.

   ----

f. Η Άρτεμη **είστε** αφοσιωμένη στη φύση και **αδιαφορείτε** για τον έρωτα.

   ----

g. Η Άρτεμη **είμαι** αυστηρή και δεν **συγχωρείτε** ποτέ.

   ----

h. Όταν η Άρτεμη **θυμώνεις** με κάποιον, του **ρίχνεις** θανατηφόρα βέλη.

   ----

3. Βάλε τα παρακάτω στη γενική πτώση (στον ενικό, όπως είναι). – Put the following in the genitive case (in the singular, as they are).

a. ο δίδυμος αδελφός   _____

b. το μικρό παιδί   _____

c. η νέα και όμορφη κοπέλα   _____

d. η δυναμική γυναίκα   _____

e. το θανατηφόρο βέλος   _____

f. το κομμένο μαλλί   _____

g. ο αρχαίος κόσμος   _____

4. Βάλε τα παρακάτω ουσιαστικά στον ενικό, χωρίς να αλλάξεις την πτώση τους. – Put the following nouns in the singular, without changing their case.

e.g. των παιδιών   _____ του παιδιού _____

a. των ζώων   _____

b. τα δάση   _____

c. τα κυνηγόσκυλα   _____

d. οι βόλτες   _____

e. τις αποφάσεις   _____

f. τα χατίρια   _____

g. τα βέλη   _____

h. τους νέους   _____

i. τους βωμούς   _____

j. τα βόδια   _____

k. τους ταύρους   _____

5. Συμπλήρωσε τα κενά με τις λέξεις στο πλαίσιο. – Fill in the blanks with the words in the box.

> κυνήγι - ελάφι - αυστηρή - αδελφή - σταθερή - θαύματα - προστατεύει - αστοχεί - χατίρια

a. Η Άρτεμη είναι η δίδυμη _____ του Απόλλωνα.

b. Η Άρτεμη _____ τα μικρά παιδιά και τα ζώα.

c. Η Άρτεμη λατρεύει το _____.

d. Η Άρτεμη δεν _____ ποτέ με το τόξο της.

e. Η Άρτεμη συνοδεύεται πάντα από κυνηγόσκυλα κι από ένα _____.

f. Η Άρτεμη είναι πολύ _____ στις αποφάσεις της.

g. Ο Δίας λατρεύει την Άρτεμη και της κάνει όλα τα _____.

h. Η Άρτεμη είναι πολύ _____ και δεν συγχωρεί ποτέ.

i. Ο ναός της Άρτεμης στην Έφεσο είναι ένα από τα εφτά _____ του κόσμου.

ΛΥΣΕΙΣ ΤΩΝ ΑΣΚΗΣΕΩΝ – ANSWERS TO THE EXERCISES

1. a. Λάθος, b. Σωστό, c. Λάθος, d. Λάθος, e. Σωστό, f. Λάθος, g. Σωστό

2. a. είναι
   b. αστοχεί
   c. περνάει/περνά, αγαπάει/αγαπά
   d. θαυμάζει, κάνει
   e. συνοδεύεται
   f. είναι, αδιαφορεί
   g. είναι, συγχωρεί
   h. θυμώνει, ρίχνει

3. a. του δίδυμου αδελφού
   b. του μικρού παιδιού
   c. της νέας και όμορφης κοπέλας
   d. της δυναμικής γυναίκας
   e. του θανατηφόρου βέλους
   f. του κομμένου μαλλιού
   g. του αρχαίου κόσμου

4. a. του ζώου
   b. το δάσος
   c. το κυνηγόσκυλο
   d. η βόλτα
   e. την απόφαση
   f. το χατίρι
   g. το βέλος
   h. τον νέο
   i. τον βωμό
   j. το βόδι
   k. τον ταύρο

5. a. αδελφή
   b. προστατεύει
   c. κυνήγι
   d. αστοχεί
   e. ελάφι
   f. σταθερή
   g. χατίρια
   h. αυστηρή
   i. θαύματα

13. Ο Ερμής
Hermes

Ο Ερμής είναι ο **αγγελιοφόρος** των θεών, δηλαδή μεταφέρει στους ανθρώπους τη βούληση των θεών. Γι' αυτό είναι ο θεός της **επικοινωνίας** και της **διπλωματίας**. Επίσης συνοδεύει τις ψυχές των **νεκρών** στον κάτω κόσμο. Είναι γιος του Δία και της νύμφης Μαίας. Η Μαία είναι μία από τις **Πλειάδες**, τις κόρες του **Άτλαντα**, του γίγαντα που κρατάει τον ουρανό στην **πλάτη** του.

Ο Ερμής είναι από τους πιο **συμπαθητικούς** και **οικείους** θεούς γιατί ο **χαρακτήρας** του έχει πολλά ανθρώπινα **στοιχεία**, όχι μόνο **θετικά** αλλά και πολλά **αρνητικά**: είναι **πονηρός**, λέει πολλά **ψέματα** και **προσπαθεί** συχνά να **κοροϊδέψει** θεούς κι ανθρώπους. Είναι έτσι από πολύ μικρός.

Λίγα **λεπτά** μετά τη **γέννησή** του, **κλέβει** τα βόδια του Απόλλωνα. Μετά από λίγο, φτάνει ο Απόλλωνας και **αντί για** τα βόδια του, βλέπει τον Ερμή!

Απόλλωνας: Μικρέ Ερμή, πού είναι τα βόδια μου;

Ερμής: **Δεν έχω ιδέα**.

Απόλλωνας: Λες ψέματα! Δεν ντρέπεσαι να λες ψέματα τόσο μικρός;

Ερμής: Αλήθεια λέω. Δεν ξέρω πού είναι τα βόδια σου.

Απόλλωνας: Ξεχνάς κάτι, μικρέ Ερμή! Εγώ είμαι ο θεός της μαντικής τέχνης. Δεν με **ξεγελάει** κανείς!

Ερμής: Ωχ! Πράγματι. Συγνώμη Απόλλωνα.

Απόλλωνας: Συγνώμη; Τι να την κάνω τη συγνώμη σου; Τα βόδια μου θέλω. Πάμε αμέσως στον Δία!

Ερμής: Όχι, περίμενε. Θα σου δώσω τα βόδια σου. Θα σου κάνω κι ένα **δωράκι**.

Έτσι ο Ερμής, για να **ηρεμήσει** τον Απόλλωνα, φτιάχνει μια **λύρα** από το **κέλυφος** μιας **χελώνας** και **έντερα προβάτου** και τη χαρίζει στον Απόλλωνα. Είναι η πρώτη λύρα στον κόσμο. Ο Απόλλωνας **μένει άναυδος**. **Μαγεύεται** από τη **μελωδία** της λύρας. Συγχωρεί τον Ερμή και **επιπλέον** του χαρίζει ένα **σκήπτρο** (που λέγεται «**κηρύκειο**»). Είναι το σκήπτρο που βλέπουμε συχνά με δύο φίδια γύρω του (και που πολλοί το **μπερδεύουν** με τη **ράβδο** του Ασκληπιού, γύρω από την οποία **τυλίγεται** μόνο ένα φίδι).

Ο Ερμής είναι προστάτης των **βοσκών** και των **κοπαδιών**. Γι' αυτό συχνά κρατάει ένα κριάρι στους ώμους του, που είναι το ιερό του ζώο. Προστατεύει τους **οδοιπόρους**, γι' αυτό στα **σταυροδρόμια** υπάρχουν **στήλες σκαλισμένες** με τη **μορφή** του. Προστατεύει τους νέους που **αθλούνται**, ειδικά τους **παλαιστές**. Γι' αυτό στα **γυμναστήρια** υπάρχουν **αγάλματά** του. Επίσης προστατεύει τους **εμπόρους** και γενικά το **εμπόριο** και τις **συναλλαγές**.

Σύμβολα του Ερμή είναι το κηρύκειο, τα **φτερωτά σανδάλια** που φοράει πάντα, η χελώνα και το κριάρι.

ΛΕΞΙΛΟΓΙΟ – VOCABULARY

ο αγγελιοφόρος = messenger	
της επικοινωνίας = *(gen.)* of communication	η επικοινωνία = *(nom.)* communication *verb:* επικοινωνώ = to communicate
της διπλωματίας = *(gen.)* of diplomacy	η διπλωματία = *(nom.)* diplomacy
των νεκρών = *(gen. pl.)* of the dead	ο νεκρός = *(nom. sing.)* the deceased *as an adjective:* νεκρός - νεκρή - νεκρό
οι Πλειάδες = Pleiades	The Pleiades were the seven daughters of the Titan Atlas, who were transformed into stars by Zeus to protect them from the hunter Orion.
του Άτλαντα = *(gen.)* Atlas	ο Άτλαντας *(nom.)* *(in ancient Greek:* ο Άτλας)
η πλάτη = the back (of the body)	
συμπαθητικός = *(adj. masc.)* likeable, nice	συμπαθητικός - συμπαθητική - συμπαθητικό
οικείος = *(adj. masc.)* familiar	οικείος - οικεία - οικείο
ο χαρακτήρας = character	
τα στοιχεία = elements, traits	ανθρώπινα στοιχεία = human traits
θετικά = *(neut. pl.)* positive	θετικός - θετική - θετικό
αρνητικά = *(neut. pl.)* negative	αρνητικός - αρνητική - αρνητικό
πονηρός = *(masc.)* cunning, sneaky	πονηρός - πονηρή - πονηρό
τα ψέματα = lies	το ψέμα = *(sing.)* lie
προσπαθεί = he tries	*verb:* προσπαθώ = to try, to attempt
να κοροϊδέψει = *(inst. sub.)* to deceive	*verb:* κοροϊδεύω = to fool, to deceive *also:* to make fun of, to mock
από πολύ μικρός = since he was very young, since he was very little	από πολύ μικρός/μικρή/μικρό
τα λεπτά = minutes	το λεπτό = *(sing.)* minute
η γέννηση = birth	
κλέβει = he steals	*verb:* κλέβω = to steal, to rob *also:* to cheat
αντί για = instead of	
δεν έχω ιδέα = I have no idea	

με ξεγελάει = deceives me	*verb:* ξεγελάω / ξεγελώ = to fool, to trick, to deceive δε με ξεγελάει κανείς = κανείς δε με ξεγελάει = nobody fools me
το δωράκι = little present	το δώρο = present, gift
για να ηρεμήσει τον Απόλλωνα = *(inst. sub.)* to calm Apollo down	*verb:* ηρεμώ (κάποιον) = to calm sb down, to put sb at ease ηρεμώ (without an object) = to calm down
η λύρα = lyre	
το κέλυφος = shell	
μιας χελώνας = *(gen.)* of a tortoise	η χελώνα = *(nom.)* tortoise, turtle
τα έντερα = intestines	το έντερο = *(sing.)* intestine
προβάτου = *(gen.)* of a sheep	το πρόβατο = *(nom.)* sheep
μένει άναυδος = *(expression)* he is dumbfounded	μένω άναυδος = to be left speechless, stunned, dumbfounded *syn.:* μένω με το στόμα ανοιχτό / μένω με ανοιχτό το στόμα *(literally: I am left with my mouth open)*
μαγεύεται = he is enchanted	*verb:* μαγεύομαι = *(pass. v.)* to be enchanted, to be bewitched μαγεύω = *(act. v.)* to enchant, to bewitch
η μελωδία = melody	
επιπλέον = *(adv.)* moreover, additionally	*also used as an adjective to mean "additional"* (e.g. χρειάζομαι επιπλέον μαθήματα = I need additional lessons)
το σκήπτρο = scepter	
το κηρύκειο = caduceus	
το μπερδεύουν = they confuse it	*verb:* μπερδεύω = to confuse, mix up
τη ράβδο = *(acc.)* staff	η ράβδος = *(nom.)* rod, staff, stick
τυλίγεται = is wrapped	τυλίγομαι γύρω από κάτι = to be/get wrapped around sth τυλίγω = to wrap
των βοσκών = *(gen. pl.)* of shepherds	ο βοσκός = *(nom. sing.)* shepherd
των κοπαδιών = *(gen. pl.)* of flocks	το κοπάδι = *(nom. sing.)* flock, herd, drove
τους οδοιπόρους = *(gen. pl.)* of wayfarers	ο οδοιπόρος = *(nom. sing.)* wayfarer
τα σταυροδρόμια = crossroads	το σταυροδρόμι = crossroads, intersection
οι στήλες = columns	η στήλη = *(sing.)* column

σκαλισμένες = *(ppl. fem. pl.)* carved	*verb:* σκαλίζω = to carve, engrave
η μορφή = form, silhouette, aspect, face	
αθλούνται = they exercise	*verb:* αθλούμαι = to play sports, to exercise
τους παλαιστές = *(acc. pl.)* wrestlers	ο παλαιστής = *(nom. sing.)* wrestler
τα γυμναστήρια = gyms	το γυμναστήριο = *(sing.)* gym, fitness center
τα αγάλματα = statues	το άγαλμα = *(sing.)* statue
τους εμπόρους = *(acc. pl.)* merchants	ο έμπορος = *(nom. sing.)* merchant, dealer
το εμπόριο = trade, commerce	
οι συναλλαγές = transactions	η συναλλαγή = *(sing.)* transaction
φτερωτά = *(neut. pl.)* winged	φτερωτός - φτερωτή - φτερωτό
τα σανδάλια = sandals	το σανδάλι = *(sing.)* sandal

ΓΡΑΜΜΑΤΙΚΗ – GRAMMAR

Ας κλίνουμε μερικά από τα ουσιαστικά του κειμένου. - Let's decline some of the nouns found in the text.

Αρσενικά – Masculine

Singular

Nom.	**ο αγγελιοφόρος**	**ο βοσκός**	**ο γίγαντας**	**ο έμπορος**
Gen.	του αγγελιοφόρου	του βοσκού	του γίγαντα	του εμπόρου
Acc.	τον αγγελιοφόρο	τον βοσκό	τον γίγαντα	τον έμπορο
Voc.	αγγελιοφόρε	βοσκέ	γίγαντα	έμπορε

Plural

Nom.	οι αγγελιοφόροι	οι βοσκοί	οι γίγαντες	οι έμποροι
Gen.	των αγγελιοφόρων	των βοσκών	των γιγάντων	των εμπόρων
Acc.	τους αγγελιοφόρους	τους βοσκούς	τους γίγαντες	τους εμπόρους
Voc.	αγγελιοφόροι	βοσκοί	γίγαντες	έμποροι

Singular

Nom.	**ο νεκρός**	**ο οδοιπόρος**	**ο παλαιστής**	**ο χαρακτήρας**
Gen.	του νεκρού	του οδοιπόρου	του παλαιστή	του χαρακτήρα
Acc.	τον νεκρό	τον οδοιπόρο	τον παλαιστή	τον χαρακτήρα
Voc.	νεκρέ	οδοιπόρε	παλαιστή	χαρακτήρα

Plural

Nom.	οι νεκροί	οι οδοιπόροι	οι παλαιστές	οι χαρακτήρες
Gen.	των νεκρών	των οδοιπόρων	των παλαιστών	των χαρακτήρων
Acc.	τους νεκρούς	τους οδοιπόρους	τους παλαιστές	τους χαρακτήρες
Voc.	νεκροί	οδοιπόροι	παλαιστές	χαρακτήρες

Θηλυκά – Feminine

Singular

Nom.	**η μελωδία**	**η μορφή**	**η ράβδος**	**η συναλλαγή**
Gen.	της μελωδίας	της μορφής	της ράβδου	της συναλλαγής
Acc.	τη μελωδία	τη μορφή	τη ράβδο	τη συναλλαγή
Voc.	μελωδία	μορφή	ράβδε	συναλλαγή

Plural

Nom.	οι μελωδίες	οι μορφές	οι ράβδοι	οι συναλλαγές
Gen.	των μελωδιών	των μορφών	των ράβδων	των συναλλαγών
Acc.	τις μελωδίες	τις μορφές	τις ράβδους	τις συναλλαγές
Voc.	μελωδίες	μορφές	ράβδοι	συναλλαγές

Ουδέτερα – Neuter

Singular

Nom.	**το άγαλμα**	**το γυμναστήριο**	**το έντερο**	**το κοπάδι**
Gen.	του αγάλματος	του γυμναστηρίου	του εντέρου	του κοπαδιού
Acc.	το άγαλμα	το γυμναστήριο	το έντερο	το κοπάδι
Voc.	άγαλμα	γυμναστήριο	έντερο	κοπάδι

Plural

Nom.	τα αγάλματα	τα γυμναστήρια	τα έντερα	τα κοπάδια
Gen.	των αγαλμάτων	των γυμναστηρίων	των εντέρων	των κοπαδιών
Acc.	τα αγάλματα	τα γυμναστήρια	τα έντερα	τα κοπάδια
Voc.	αγάλματα	γυμναστήρια	έντερα	κοπάδια

	Singular			
Nom.	**το λεπτό**	**το πρόβατο**	**το σανδάλι**	**το στοιχείο**
Gen.	του λεπτού	του προβάτου	του σανδαλιού	του στοιχείου
Acc.	το λεπτό	το πρόβατο	το σανδάλι	το στοιχείο
Voc.	λεπτό	πρόβατο	σανδάλι	στοιχείο

	Plural			
Nom.	τα λεπτά	τα πρόβατα	τα σανδάλια	τα στοιχεία
Gen.	των λεπτών	των προβάτων	των σανδαλιών	των στοιχείων
Acc.	τα λεπτά	τα πρόβατα	τα σανδάλια	τα στοιχεία
Voc.	λεπτά	πρόβατα	σανδάλια	στοιχεία

Τώρα ας κλίνουμε μερικά από τα ρήματα του κειμένου στον ενεστώτα. – Now let's conjugate some of the verbs found in the text in the present tense.

Ενεστώτας
Simple present

εγώ	**κλέβω**	**μένω**	**μπερδεύω**
εσύ	κλέβεις	μένεις	μπερδεύεις
αυτός	κλέβει	μένει	μπερδεύει
εμείς	κλέβουμε	μένουμε	μπερδεύουμε
εσείς	κλέβετε	μένετε	μπερδεύετε
αυτοί	κλέβουν(ε)	μένουν(ε)	μπερδεύουν(ε)

εγώ	**ξεγελάω / ξεγελώ**	**προσπαθώ**
εσύ	ξεγελάς	προσπαθείς
αυτός	ξεγελάει / ξεγελά	προσπαθεί
εμείς	ξεγελάμε / ξεγελούμε	προσπαθούμε
εσείς	ξεγελάτε	προσπαθείτε
αυτοί	ξεγελάνε / ξεγελούν(ε)	προσπαθούν(ε)

Verbs in the passive voice

εγώ	**τυλίγομαι**	**μαγεύομαι**
εσύ	τυλίγεσαι	μαγεύεσαι
αυτός	τυλίγεται	μαγεύεται
εμείς	τυλιγόμαστε	μαγευόμαστε
εσείς	τυλίγεστε / τυλιγόσαστε*	μαγεύεστε / μαγευόσαστε*
αυτοί	τυλίγονται	μαγεύονται

* colloquial

ΣΗΜΕΙΩΣΕΙΣ – NOTES

ΑΣΚΗΣΕΙΣ – EXERCISES

1. Σωστό ή λάθος; – True or false?

		<u>Σωστό</u>	<u>Λάθος</u>
a.	Ο Ερμής είναι γιος της Μαίας και του Άτλαντα.	☐	☐
b.	Ο Ερμής έχει πολλά ανθρώπινα στοιχεία.	☐	☐
c.	Ο Ερμής κλέβει τη λύρα του Απόλλωνα.	☐	☐
d.	Ο Ερμής χαρίζει στον Απόλλωνα ένα σκήπτρο.	☐	☐
e.	Η λύρα του Απόλλωνα είναι η πρώτη λύρα στον κόσμο.	☐	☐
f.	Ο Ερμής προστατεύει τους εμπόρους και τους βοσκούς.	☐	☐
g.	Η χελώνα είναι το ιερό ζώο του Ερμή.	☐	☐

2. Συμπλήρωσε τα κενά με τα ρήματα στο 3º ενικό πρόσωπο. – Fill in the blanks with the verbs in the 3rd person singular.

a. Ο Ερμής _____ πολύ συμπαθητικός και οικείος θεός. *(είμαι)*

b. Ο Ερμής _____ τις ψυχές των νεκρών στον Άδη. *(συνοδεύω)*

c. Ο Ερμής _____ πολλά ψέματα. *(λέω)*

d. Ο Ερμής _____ πάντα να κοροϊδέψει τους άλλους. *(προσπαθώ)*

e. Σε κάθε γυμναστήριο _____ ένα άγαλμα του Ερμή. *(υπάρχω)*

f. Ο Ερμής _____ τους εμπόρους, τους αθλητές, τους βοσκούς και τους οδοιπόρους. *(προστατεύω)*

g. Ο Ερμής _____ φτερωτά σανδάλια. *(φοράω/φορώ)*

h. Ο Ερμής _____ μια λύρα και την _____ στον Απόλλωνα. *(φτιάχνω, δίνω)*

i. Ο Απόλλωνας _____ τον Ερμή και του _____ ένα σκήπτρο. *(συγχωρώ, χαρίζω)*

j. Η μελωδία της λύρας _____ τον Απόλλωνα. *(μαγεύω)*

3. Βάλε τις λέξεις στη σωστή σειρά για να φτιάξεις προτάσεις. – Put the words in the right order to make sentences.

a. τις – Ερμής – των – Άδη – Ο – συνοδεύει – ψυχές – στον – νεκρών

b. του – είναι – τις – Ερμή – Η – από – μητέρα – μία – Πλειάδες

c. κρατάει – πλάτη – Άτλαντας – τον – Ο – ουρανό – στην – του

d. και – λέει – πολύ – Ερμής – ψέματα – πονηρός – πολλά – Ο – είναι

e. μια – χελώνας – Ο – κέλυφος – Ερμής – από – φτιάχνει – το – λύρα – μιας

f. μελωδία – Ο – μαγεύεται – της – λύρας – τη – Απόλλωνας – από

4. Διάλεξε τη σωστή απάντηση. – Choose the right answer.

a. Ο Ερμής είναι …

   i.   βοηθός των θεών
   ii. αγγελιοφόρος των θεών
   iii. μουσικός των θεών
   iv. βοσκός

b. Ο Ερμής είναι γιος …

   i.   του Άτλαντα
   ii. του Απόλλωνα
   iii. του Δία
   iv. της Ήρας

c. Ο Ερμής, σε μικρή ηλικία, …

   i.   κλέβει τα κριάρια του Απόλλωνα
   ii. κλέβει τα βόδια του Δία
   iii. κλέβει το σκήπτρο του Ασκληπιού
   iv. κανένα από τα παραπάνω

d. Στα σταυροδρόμια υπάρχουν ...

   i. αγάλματα του Απόλλωνα και του Ερμή
   ii. κριάρια και βόδια
   iii. κηρύκεια
   iv. στήλες με σκαλισμένη τη μορφή του Ερμή

e. Ο Ερμής είναι ...

   i. πονηρός και κλέφτης
   ii. εκδικητικός
   iii. αντιπαθητικός
   iv. παλαιστής

5. Βάλε τα παρακάτω στη γενική και στην αιτιατική. – Put the following in the genitive and in the accusative.

e.g. ο έξυπνος άντρας
      <u>του έξυπνου άντρα</u>
      <u>τον έξυπνο άντρα</u>

a. ο συμπαθητικός και οικείος θεός

b. τα θετικά και τα αρνητικά στοιχεία

c. η μαντική τέχνη

d. το μικρό δώρο

e. η πρώτη λύρα

f. η υπέροχη και μαγευτική μελωδία

g. τα φτερωτά σανδάλια

h. το ιερό ζώο

i. ο πονηρός Ερμής

j. ο γρήγορος αγγελιοφόρος

ΛΥΣΕΙΣ ΤΩΝ ΑΣΚΗΣΕΩΝ – ANSWERS TO THE EXERCISES

1. a. Λάθος, b. Σωστό, c. Λάθος, d. Λάθος, e. Σωστό, f. Σωστό, g. Λάθος

2. a. είναι, b. συνοδεύει, c. λέει, d. προσπαθεί, e. υπάρχει,
   f. προστατεύει, g. φοράει / φορά, h. φτιάχνει, δίνει,
   i. συγχωρεί, χαρίζει, j. μαγεύει

3. a. Ο Ερμής συνοδεύει τις ψυχές των νεκρών στον Άδη.

   b. Η μητέρα του Ερμή είναι μία από τις Πλειάδες.

   c. Ο Άτλαντας κρατάει τον ουρανό στην πλάτη του.

   d. Ο Ερμής λέει πολλά ψέματα και είναι πολύ πονηρός. /
      Ο Ερμής είναι πολύ πονηρός και λέει πολλά ψέματα.

   e. Ο Ερμής φτιάχνει μια λύρα από το κέλυφος μιας χελώνας.

   f. Ο Απόλλωνας μαγεύεται από τη μελωδία της λύρας.

4. a. ii. αγγελιοφόρος των θεών
   b. iii. γιος του Δία
   c. iv. κανένα από τα παραπάνω
   d. iv. στήλες με σκαλισμένη τη μορφή του Ερμή
   e. i. πονηρός και κλέφτης

5. a. του συμπαθητικού και οικείου θεού
      τον συμπαθητικό και οικείο θεό

   b. των θετικών και των αρνητικών στοιχείων
      τα θετικά και τα αρνητικά στοιχεία

   c. της μαντικής τέχνης
      τη μαντική τέχνη

d. του μικρού δώρου
   το μικρό δώρο

e. της πρώτης λύρας
   την πρώτη λύρα

f. της υπέροχης και μαγευτικής μελωδίας
   την υπέροχη και μαγευτική μελωδία

g. των φτερωτών σανδαλιών
   τα φτερωτά σανδάλια

h. του ιερού ζώου
   το ιερό ζώο

i. του πονηρού Ερμή
   τον πονηρό Ερμή

j. του γρήγορου αγγελιοφόρου
   τον γρήγορο αγγελιοφόρο

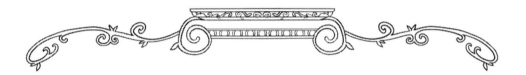

14. Ο Διόνυσος
Dionysus

Ο Διόνυσος είναι ο θεός του **αμπελιού** και του **κρασιού**. Επίσης είναι προστάτης της **θεατρικής τέχνης**. Είναι γιος του Δία και της **θνητής Θηβαίας πριγκίπισσας** Σεμέλης. Είναι ο **νεότερος** θεός του Ολύμπου και ο **μόνος** που έχει θνητή μητέρα. Είναι παντρεμένος με την Αριάδνη, πριγκίπισσα της Κρήτης.

Ο Διόνυσος συχνά δεν **αναγνωρίζεται** ως Ολύμπιος θεός, για παράδειγμα στα **έπη του Ομήρου**. Αρχίζει να θεωρείται Ολύμπιος θεός όταν η Εστία τού δίνει τη **θέση** της στον Όλυμπο.

Ο Διόνυσος λατρεύει το κρασί και τη **διασκέδαση**. Διδάσκει στους ανθρώπους να καλλιεργούν αμπέλια και να φτιάχνουν κρασί από τα **σταφύλια**. Προς τιμήν του, οι αρχαίοι Έλληνες οργανώνουν πολλές μεγάλες γιορτές, όπως τα Διονύσια, όπου τραγουδούν, χορεύουν και **μεθούν**.

Από πού παίρνουν το όνομά τους τα σταφύλια και ο οίνος;

Ο Οινέας, βασιλιάς της Αιτωλίας, **φιλοξενεί** για λίγες μέρες τον Διόνυσο. Ο Διόνυσος, για να τον ευχαριστήσει για τη **φιλοξενία**, κάνει να φυτρώσει στο **κτήμα** του Οινέα ένα **κλήμα** γεμάτο **τσαμπιά**. Εκεί, ο βοσκός του βασιλιά Οινέα, ο οποίος λέγεται Στάφυλος, **βόσκει** τα **κατσίκια** του. **Παρατηρεί**, όμως κάτι πολύ **περίεργο**:

Στάφυλος: Βασιλιά, συμβαίνει κάτι **παράξενο**. Τα κατσίκια μου **χοροπηδούν**!

Οινέας: Χοροπηδούν; Μη λες **βλακείες**, Στάφυλε.

Στάφυλος: Αλήθεια, βασιλιά μου! **Όποτε τρώνε** από κείνα τα τσαμπιά, χοροπηδούν **σαν τρελά**.

Οινέας: Ποια τσαμπιά; Του Διόνυσου;

Στάφυλος: Ναι. Το ίδιο κι εγώ. Όποτε τρώω τους καρπούς τους, χοροπηδάω κι εγώ! Επίσης τραγουδάω και γενικά **αισθάνομαι** υπέροχα!

Τότε ο Οινέας **δοκιμάζει** τον **χυμό** των καρπών και **νιώθει ξαφνικά** χαρούμενος. Έτσι, προς τιμήν του βοσκού του, ονομάζει τους καρπούς «σταφύλια», ενώ στο χυμό τους δίνει το όνομα «οίνος» από το δικό του όνομα.

Ο Διόνυσος είναι επίσης ο θεός της **τρέλας**. Όταν θέλει να τιμωρήσει κάποιον, στέλνει τρέλα στο **μυαλό** του.

Σύμβολά του είναι το αμπέλι, ο **κισσός** και το **κύπελλο**.

ΛΕΞΙΛΟΓΙΟ – VOCABULARY

του αμπελιού = *(gen.)* of the grapevine	το αμπέλι = *(nom.)* vineyard, grapevine
του κρασιού = *(gen.)* of wine	το κρασί = *(nom.)* wine
της θεατρικής τέχνης = *(gen.)* of the theater art	η θεατρική τέχνη *(nom.)* το θέατρο = theater θεατρικός - θεατρική - θεατρικό = *(adj.)* theatrical
θνητής = *(gen. fem.)* mortal	θνητός - θνητή - θνητό
Θηβαίας = *(gen. fem.)* Theban	Θηβαίος - Θηβαία - Θηβαίο = Theban, relating to the city of Thebes
της πριγκίπισσας = *(gen.)* of the princess	η πριγκίπισσα = *(nom.)* princess ο πρίγκιπας = prince
ο νεότερος = *(masc.)* the youngest	*comparative:* νεότερος = younger *superlative:* ο νεότερος = the youngest νεότερος - νεότερη - νεότερο
ο μόνος = *(masc.)* the only one	μόνος - μόνη - μόνο = *(adj.)* alone ο μόνος - η μόνη - το μόνο = the only one
αναγνωρίζεται = is recognized, is acknowledged	*verb:* αναγνωρίζομαι = to be recognized, acknowledged, identified αναγνωρίζω = to recognize, acknowledge, identify
τα έπη του Ομήρου = Homer's epics	*syn.:* τα ομηρικά έπη το έπος = *(sing.)* epic poem ο Όμηρος = *(nom.)* Homer
η θέση = place, position	
η διασκέδαση = amusement, fun	
τα σταφύλια = grapes	το σταφύλι = *(sing.)* grape
μεθούν = they get drunk	*verb:* μεθάω/μεθώ = to get drunk
φιλοξενεί = he hosts	*verb:* φιλοξενώ = to host, to entertain guests
η φιλοξενία = hospitality	
το κτήμα = land, estate	
το κλήμα = vine, grapevine	
τα τσαμπιά = bunches	το τσαμπί = *(sing.)* bunch
βόσκει = he grasses	*verb:* βόσκω = to grass, to pasture

τα κατσίκια = goats, kids (young goats)	το κατσίκι = *(sing.)* goat, kid η κατσίκα = goat
παρατηρεί = he observes	*verb:* παρατηρώ = to observe
περίεργο = *(adj. neut.)* curious, strange	περίεργος - περίεργη - περίεργο
παράξενο = *(adj. neut.)* strange, weird	παράξενος - παράξενη - παράξενο
χοροπηδούν = they hop	*verb:* χοροπηδάω/χοροπηδώ = to hop
οι βλακείες = nonsense	*syn.:* οι ανοησίες, οι χαζομάρες η βλακεία = stupidity, nonsense
όποτε = whenever	
τρώνε = they eat	*verb:* τρώω = to eat
σαν τρελά = *(neut. pl.)* like crazy	τρελός – τρελή – τρελό = crazy, insane
αισθάνομαι = I feel	
υπέροχα = *(adv.)* wonderfully	
δοκιμάζει = he tastes	*verb:* δοκιμάζω = to try, to taste
τον χυμό = *(acc.)* juice	ο χυμός = *(nom.)* juice
νιώθει = he feels	*verb:* νιώθω = to feel *syn.* αισθάνομαι
ξαφνικά = suddenly	
της τρέλας = *(gen.)* of madness	η τρέλα = *(nom.)* madness, insanity
το μυαλό = the mind	
ο κισσός = ivy	
το κύπελλο = goblet, cup	

ΓΡΑΜΜΑΤΙΚΗ – GRAMMAR

Ας κλίνουμε μερικά από τα ουσιαστικά του κειμένου. - Let's decline some of the nouns found in the text.

Αρσενικά – Masculine

Singular

Nom.	**ο κισσός**	ο οίνος	ο χυμός
Gen.	του κισσού	του οίνου	του χυμού
Acc.	τον κισσό	τον οίνο	τον χυμό
Voc.	κισσέ	οίνε	χυμέ

Plural

Nom.	οι κισσοί	οι οίνοι	οι χυμοί
Gen.	των κισσών	των οίνων	των χυμών
Acc.	τους κισσούς	τους οίνους	τους χυμούς
Voc.	κισσοί	οίνοι	χυμοί

Θηλυκά – Feminine

Singular

Nom.	**η θέση**	**η πριγκίπισσα**
Gen.	της θέσης	της πριγκίπισσας
Acc.	τη θέση	την πριγκίπισσα
Voc.	θέση	πριγκίπισσα

Plural

Nom.	οι θέσεις	οι πριγκίπισσες
Gen.	των θέσεων	των πριγκιπισσών
Acc.	τις θέσεις	τις πριγκίπισσες
Voc.	θέσεις	πριγκίπισσες

Ουδέτερα – Neuter

Singular

Nom.	**το αμπέλι**	**το έπος**	**το κατσίκι**	**το κλήμα**
Gen.	του αμπελιού	του έπους	του κατσικιού	του κλήματος
Acc.	το αμπέλι	το έπος	το κατσίκι	το κλήμα
Voc.	αμπέλι	έπος	κατσίκι	κλήμα

Plural

Nom.	τα αμπέλια	τα έπη	τα κατσίκια	τα κλήματα
Gen.	των αμπελιών	των επών	των κατσικιών	των κλημάτων
Acc.	τα αμπέλια	τα έπη	τα κατσίκια	τα κλήματα
Voc.	αμπέλια	έπη	κατσίκια	κλήματα

Singular

Nom.	**το κτήμα**	**το κύπελλο**	**το σταφύλι**	**το τσαμπί**
Gen.	του κτήματος	του κυπέλλου	του σταφυλιού	του τσαμπιού
Acc.	το κτήμα	το κύπελλο	το σταφύλι	το τσαμπί
Voc.	κτήμα	κύπελλο	σταφύλι	τσαμπί

Plural

Nom.	τα κτήματα	τα κύπελλα	τα σταφύλια	τα τσαμπιά
Gen.	των κτημάτων	των κυπέλλων	των σταφυλιών	των τσαμπιών
Acc.	τα κτήματα	τα κύπελλα	τα σταφύλια	τα τσαμπιά
Voc.	κτήματα	κύπελλα	σταφύλια	τσαμπιά

Τώρα ας κλίνουμε μερικά από τα ρήματα του κειμένου στον ενεστώτα. – Now let's conjugate some of the verbs found in the text in the present tense.

Ενεστώτας
Simple present

εγώ	**βόσκω**	**διδάσκω**	**δοκιμάζω**
εσύ	βόσκεις	διδάσκεις	δοκιμάζεις
αυτός	βόσκει	διδάσκει	δοκιμάζει
εμείς	βόσκουμε	διδάσκουμε	δοκιμάζουμε
εσείς	βόσκετε	διδάσκετε	δοκιμάζετε
αυτοί	βόσκουν(ε)	διδάσκουν(ε)	δοκιμάζουν(ε)

εγώ	**μεθάω / μεθώ**	**νιώθω**	**παρατηρώ**
εσύ	μεθάς	νιώθεις	παρατηρείς
αυτός	μεθάει / μεθά	νιώθει	παρατηρεί
εμείς	μεθάμε / μεθούμε	νιώθουμε	παρατηρούμε
εσείς	μεθάτε	νιώθετε	παρατηρείτε
αυτοί	μεθάνε / μεθούν(ε)	νιώθουν(ε)	παρατηρούν(ε)

εγώ	**φιλοξενώ**	**χοροπηδάω / χοροπηδώ**
εσύ	φιλοξενείς	χοροπηδάς
αυτός	φιλοξενεί	χοροπηδάει / χοροπηδά
εμείς	φιλοξενούμε	χοροπηδάμε / χοροπηδούμε
εσείς	φιλοξενείτε	χοροπηδάτε
αυτοί	φιλοξενούν(ε)	χοροπηδάνε / χοροπηδούν(ε)

Verbs in the passive voice

εγώ	**αισθάνομαι**	**αναγνωρίζομαι**
εσύ	αισθάνεσαι	αναγνωρίζεσαι
αυτός	αισθάνεται	αναγνωρίζεται
εμείς	αισθανόμαστε	αναγνωριζόμαστε
εσείς	αισθάνεστε / αισθανόσαστε*	αναγνωρίζεστε / αναγνωριζόσαστε
αυτοί	αισθάνονται	αναγνωρίζονται

* *colloquial*

ΣΗΜΕΙΩΣΕΙΣ – NOTES

ΑΣΚΗΣΕΙΣ – EXERCISES

1. Σωστό ή λάθος; – True or false?

		Σωστό	**Λάθος**
a.	Ο Διόνυσος είναι προστάτης της μαντικής τέχνης.	☐	☐
b.	Ο Διόνυσος έχει πατέρα θνητό και μητέρα θεά.	☐	☐
c.	Ο Διόνυσος είναι παντρεμένος με την Αριάδνη, πριγκίπισσα της Θήβας.	☐	☐
d.	Ο Διόνυσος μαθαίνει στους ανθρώπους πώς να φτιάχνουν κρασί.	☐	☐
e.	Τα Διονύσια είναι μια γιορτή αφιερωμένη στον Διόνυσο.	☐	☐
f.	Ο Διόνυσος χαρίζει τον θρόνο του στην Εστία.	☐	☐
g.	Τα σταφύλια παίρνουν το όνομά τους από τον βοσκό Στάφυλο.	☐	☐

2. Συμπλήρωσε τα κενά με τις λέξεις στο πλαίσιο. – Fill in the blanks with the words in the box.

> μυαλό - χοροπηδούν - τρέλας - γιορτές - διασκέδαση - Ολύμπιος

a. Ο Διόνυσος είναι ο θεός του κρασιού, του θεάτρου, της διασκέδασης και της _____.

b. Συχνά ο Διόνυσος δεν αναγνωρίζεται ως _____ θεός.

c. Τα κατσίκια του Στάφυλου _____ όποτε τρώνε σταφύλια.

d. Οι άνθρωποι οργανώνουν πολλές _____ αφιερωμένες στον Διόνυσο.

e. Ο Διόνυσος στέλνει τρέλα στο _____ των ανθρώπων.

f. Ο Διόνυσος λατρεύει τη _____ και το κρασί.

3. Ξαναγράψε τις προτάσεις βάζοντας τα ρήματα στο σωστό πρόσωπο.
– Rewrite the sentences, putting the verbs in the correct person.

a. Ο βασιλιάς Οινέας **φιλοξενείς** τον Διόνυσο στο κτήμα του.

----

b. Τα κατσίκια **χοροπηδάμε** όποτε **τρώμε** σταφύλια.

----

c. Ο Οινέας **νιώθετε** χαρούμενος όταν **δοκιμάζεις** το κρασί.

----

d. Ο Διόνυσος **λατρεύω** το κρασί και τη διασκέδαση.

----

e. Ο Διόνυσος **στέλνουνε** τρέλα στο μυαλό των ανθρώπων.

----

f. Στα Διονύσια, οι άνθρωποι **μεθάτε**, **τραγουδάς** και **χορεύεις**.

----

4. Γράψε το ρήμα που σχετίζεται με κάθε ουσιαστικό. – Write the verb that is related to each noun.

e.g. το τραγούδι   _ _ τραγουδάω/τραγουδώ _ _ _ _

a. ο χορός   _____

b. το γλέντι   _____

c. το μεθύσι   _____

d. η γιορτή   _____

e. η φιλοξενία   _____

f. η καλλιέργεια   _____

g. το όνομα   _____

h. η τιμωρία   _____

i. η δοκιμή   _____

j. το αίσθημα,   _____
   η αίσθηση

ΛΥΣΕΙΣ ΤΩΝ ΑΣΚΗΣΕΩΝ – ANSWERS TO THE EXERCISES

1. a. Λάθος, b. Λάθος, c. Λάθος, d. Σωστό, e. Σωστό, f. Λάθος, g. Σωστό

2. a. τρέλας, b. Ολύμπιος, c. χοροπηδούν, d. γιορτές, e. μυαλό, f. διασκέδαση

3. a. φιλοξενεί
   b. χοροπηδούν(ε) / χοροπηδάνε, τρώνε
   c. νιώθει, δοκιμάζει
   d. λατρεύει
   e. στέλνει
   f. μεθάνε / μεθούν(ε), τραγουδάνε / τραγουδούν(ε), χορεύουν(ε)

4. a. ο χορός – χορεύω
   b. το γλέντι – γλεντάω / γλεντώ
   c. το μεθύσι – μεθάω / μεθώ
   d. η γιορτή – γιορτάζω
   e. η φιλοξενία – φιλοξενώ
   f. η καλλιέργεια – καλλιεργώ
   g. το όνομα – ονομάζω, ονομάζομαι
   h. η τιμωρία – τιμωρώ
   i. η δοκιμή – δοκιμάζω
   j. το αίσθημα, η αίσθηση – αισθάνομαι

15. Ο Πλούτωνας
Pluto

Ο Πλούτωνας είναι ο θεός του κάτω κόσμου, δηλαδή του **Άδη**. Η λέξη «Άδης» **αρχικά αναφέρεται** και στον θεό και στο μέρος (δηλαδή, στον κάτω κόσμο) αλλά αργότερα μόνο στο μέρος. Ο Πλούτωνας είναι γιος του Κρόνου και της Ρέας. Έχει τρεις **μεγαλύτερες** αδελφές, την Εστία, τη Δήμητρα και την Ήρα, και δύο **μικρότερους** αδελφούς, τον Ποσειδώνα και τον Δία. Γυναίκα του Πλούτωνα είναι η Περσεφόνη, η κόρη της Δήμητρας.

Ο Πλούτωνας **αναλαμβάνει** τον κάτω κόσμο μετά την **Τιτανομαχία**. Στην Τιτανομαχία, οι θεοί **διεκδικούν** την **εξουσία** από τους γονείς τους και τους **θείους** τους, τους Τιτάνες. Τους βοηθούν οι **Κύκλωπες**.

Κύκλωπες: Παιδιά, θέλετε βοήθεια;

Δίας: **Εννοείται**!

Κύκλωπες: Έχουμε **πολύτιμα** όπλα για σας. Δία, εσύ **πάρε** τον κεραυνό. Ποσειδώνα, εσύ πάρε μια τρίαινα.

Πλούτωνας: Για μένα δεν έχετε τίποτα;

Κύκλωπες: Φυσικά και έχουμε! Έλα, πάρε αυτό το **κράνος**.

Πλούτωνας: Οι άλλοι έχουν κεραυνό και τρίαινα, κι εγώ μόνο ένα κράνος;

Κύκλωπες: Δεν είναι ένα απλό κράνος! Αυτό το κράνος κάνει **αόρατο** όποιον το φοράει!

Πλούτωνας: Α, με συγχωρείτε. Είναι πράγματι **εξαιρετικό** δώρο.

Δίας: Ευχαριστούμε, Κύκλωπες. Τώρα είμαστε έτοιμοι για **μάχη**!

Κύκλωπες: **Καλή τύχη**, παιδιά.

Μετά τη **νίκη** των θεών, ο Δίας παίρνει την εξουσία του ουρανού και της γης, ο Ποσειδώνας την εξουσία της θάλασσας και κάθε **υγρού στοιχείου**, και ο Πλούτωνας την εξουσία του κάτω κόσμου.

Για να φτάσουν στον Άδη οι νεκροί μπαίνουν στη **βάρκα** του **Χάροντα** και **διασχίζουν** τον **ποταμό** Αχέροντα. Ο Χάροντας **χρεώνει** έναν **οβολό**, τον οποίο οι **συγγενείς** του νεκρού **τοποθετούν** κάτω από τη **γλώσσα** του. Οι **άποροι** και αυτοί που δεν έχουν συγγενείς ή φίλους **παραμένουν** για πάντα στην **όχθη** του Αχέροντα. Στην **απέναντι** όχθη περιμένει ο **Κέρβερος**, ένας **τρομακτικός τρικέφαλος σκύλος**, **φύλακας** του Άδη.

Εφόσον κάτω από τη γη υπάρχουν πολύτιμα **ορυκτά**, οι άνθρωποι θεωρούν αυτά τα ορυκτά μέρος του κάτω κόσμου. Γι' αυτό πιστεύουν ότι είναι στην εξουσία του θεού του κάτω κόσμου. Έτσι, από τον **πλούτο** της γης **προέρχεται** το όνομα Πλούτωνας.

Αν και ο Πλούτωνας είναι Ολύμπιος θεός, ζει στο **σκοτεινό** του βασίλειο, στον Άδη, και γι' αυτό δεν τον βλέπουμε ανάμεσα στους δώδεκα θεούς του Ολύμπου. Είναι ένας θεός τρομακτικός, **άγριος**, **αυστηρός**, με σκοτεινή **προσωπικότητα** και χωρίς **επιείκεια**. **Ωστόσο** είναι πολύ δίκαιος.

Όταν οι Έλληνες **προσεύχονται** σ' αυτόν, χτυπούν τα χέρια τους στο **έδαφος** για να είναι **σίγουροι** ότι τους **ακούει**. Θυσιάζουν προς τιμήν του μαύρα ζώα, όπως πρόβατα. Έχει ένα εντυπωσιακό μαύρο **άρμα** που το **σέρνουν** τέσσερα μαύρα άλογα. Στο βασίλειό του, κάθεται σε έναν θρόνο από **έβενο**.

Σύμβολα του Πλούτωνα είναι ο Κέρβερος, το «δίκρανο» (δηλαδή ένα **δόρυ** με δύο **αιχμές**, οι οποίες συμβολίζουν τη ζωή και το θάνατο), το **κυπαρίσσι**, ο **νάρκισσος** και το **κλειδί**.

ΛΕΞΙΛΟΓΙΟ – VOCABULARY

του Άδη = *(gen.)* of Hades	ο Άδης *(nom.)*
αρχικά = *(adv.)* initially	η αρχή = *(n.)* the beginning, the start
αναφέρεται = it refers to	*verb:* αναφέρομαι σε …= to refer to…
μεγαλύτερες = *(fem. pl.)* older	μεγαλύτερος-μεγαλύτερη-μεγαλύτερο = older *(also:* bigger) μεγάλος - μεγάλη - μεγάλο = big μεγάλος σε ηλικία = old
μικρότερους = *(masc. acc. pl.)* older	μικρότερος - μικρότερη - μικρότερο = younger *(also:* smaller) μικρός - μικρή - μικρό = small μικρός σε ηλικία = νέος = young
αναλαμβάνει = takes on	*verb:* αναλαμβάνω = to take on, to take over, to undertake
η Τιτανομαχία = Titanomachy, War of the Titans	
διεκδικούν = they claim	*verb:* διεκδικώ = to lay claim to sth
η εξουσία = power, authority	
τους θείους = *(masc. acc. pl.)* uncles	ο θείος = *(nom. sing.)* uncle οι θείοι = *(nom. pl.)* uncles η θεία = aunt, οι θείες = aunts
οι Κύκλωπες = Cyclops	
εννοείται = it goes without saying, it is implied	*this is the passive voice, 3rd person singular, of the verb* εννοώ = to mean
πολύτιμα = *(neut. pl.)* precious	πολύτιμος - πολύτιμη - πολύτιμο = precious, valuable
πάρε = *(inst. imperative)* take	*verb:* παίρνω = to take
το κράνος = helmet	
αόρατο = *(acc. masc.)* invisible	αόρατος - αόρατη - αόρατο
εξαιρετικό = *(adj. neut.)* exceptional, outstanding, magnificent	εξαιρετικός - εξαιρετική - εξαιρετικό
η μάχη = battle	
καλή τύχη = good luck	η τύχη = luck τυχερός - τυχερή - τυχερό = lucky άτυχος - άτυχη - άτυχο = unlucky
η νίκη = victory	

υγρού στοιχείου = *(gen.)* liquid element	το υγρό στοιχείο *(nom.)*
η βάρκα = boat	
του Χάροντα = *(gen.)* of Charon	ο Χάρος/Χάροντας = *(nom.)* Charon, ferryman of the dead
διασχίζουν = they cross	*verb:* διασχίζω = to cross
τον ποταμό = *(acc.)* river	ο ποταμός = *(nom.)* river *syn.:* το ποτάμι
χρεώνει = he charges	*verb:* χρεώνω = to charge
έναν οβολό = *(acc.)* one coin (equivalent to one sixth of the ancient drachma)	ο οβολός *(nom.)*
οι συγγενείς = relatives	ο συγγενής – η συγγενής = relative
τοποθετούν = they place	*verb:* τοποθετώ = to place, to put
η γλώσσα = tongue	*also:* language
άποροι = paupers	άπορος - άπορη - άπορο = *(adj.)* pauper, poor
παραμένουν = they remain	*verb:* παραμένω = to remain
η όχθη = bank, shore	
απέναντι = opposite, across from	*as an adverb: e.g.* μένουμε απέναντι = we live across the street *as an adjective: e.g.* η απέναντι όχθη = the opposite bank
ο Κέρβερος = Cerberus	
τρομακτικός = scary, frightening, terrifying	τρομακτικός - τρομακτική - τρομακτικό
τρικέφαλος = three-headed	τρικέφαλος - τρικέφαλη - τρικέφαλο
ο σκύλος = dog	
ο φύλακας = guard	*also:* guardian
εφόσον = since, given that, provided that	
τα ορυκτά = minerals	το ορυκτό = *(sing.)* mineral
τον πλούτο = *(acc.)* wealth	ο πλούτος *(nom.)*
προέρχεται = comes from	*verb:* προέρχομαι = to come from, to originate from
σκοτεινό = *(adj. neut.)* dark	σκοτεινός - σκοτεινή - σκοτεινό
άγριος = *(adj. masc.)* wild, fierce, savage	άγριος - άγρια - άγριο
αυστηρός = *(adj. masc.)* strict	αυστηρός - αυστηρή - αυστηρό
η προσωπικότητα = personality	

η επιείκεια = leniency	επιεικής - επιεικής - επιεικές = *(adj.)* lenient
ωστόσο = however	
προσεύχονται = they pray	*verb:* προσεύχομαι = to pray η προσευχή = *(n.)* prayer
το έδαφος = ground, land, soil	
σίγουροι = *(masc. pl.)* certain	σίγουρος - σίγουρη - σίγουρο = sure, certain
ακούει = he listens, he hears	*verb:* ακούω = to listen, to hear
το άρμα = chariot	
σέρνουν = they pull	*verb:* σέρνω = to drag, to haul, to tug, to pull
από έβενο = *(acc.)* made of ebony	ο έβενος = *(nom.)* ebony
το δόρυ = spear	
οι αιχμές = spikes, tips	η αιχμή = *(sing.)* spike, tip
το κυπαρίσσι = cypress	
ο νάρκισσος = daffodil, narcissus	
το κλειδί = key	

ΓΡΑΜΜΑΤΙΚΗ – GRAMMAR

Ας κλίνουμε μερικά από τα ουσιαστικά του κειμένου. - Let's decline some of the nouns found in the text.

Αρσενικά – Masculine

Singular

Nom.	**ο γονέας / ο γονιός**	**ο θείος**	**ο οβολός**
Gen.	του γονέα / του γονιού	του θείου	του οβολού
Acc.	τον γονέα / τον γονιό	τον θείο	τον οβολό
Voc.	γονέα / γονιέ	θείε	οβολέ

Plural

Nom.	οι γονείς	οι θείοι	οι οβολοί
Gen.	των γονέων / των γονιών	των θείων	των οβολών
Acc.	τους γονείς	τους θείους	τους οβολούς
Voc.	γονείς	θείοι	οβολοί

Singular

Nom.	**ο πλούτος**	**ο ποταμός**	**ο σκύλος**
Gen.	του πλούτου	του ποταμού	του σκύλου
Acc.	τον πλούτο	τον ποταμό	τον σκύλο
Voc.	πλούτε	ποταμέ	σκύλε

Plural

Nom.	**τα πλούτη***	οι ποταμοί	οι σκύλοι
Gen.	- - - - - -	των ποταμών	των σκύλων
Acc.	τα πλούτη	τους ποταμούς	τους σκύλους
Voc.	πλούτη	ποταμοί	σκύλοι

* Note that *ο πλούτος* changes gender in the plural and becomes neuter!

Singular

Nom.	**ο συγγενής**	**ο φίλος**	**ο φύλακας**
Gen.	του συγγενή	του φίλου	του φύλακα
Acc.	τον συγγενή	τον φίλο	τον φύλακα
Voc.	συγγενή	φίλε	φύλακα

Plural

Nom.	οι συγγενείς	οι φίλοι	οι φύλακες
Gen.	των συγγενών	των φίλων	των φυλάκων
Acc.	τους συγγενείς	τους φίλους	τους φύλακες
Voc.	συγγενείς	φίλοι	φύλακες

Θηλυκά – Feminine

Singular

Nom.	**η αιχμή**	**η βάρκα**	**η γλώσσα**	**η λέξη**
Gen.	της αιχμής	της βάρκας	της γλώσσας	της λέξης
Acc.	την αιχμή	τη βάρκα	τη γλώσσα	τη λέξη
Voc.	αιχμή	βάρκα	γλώσσα	λέξη

Plural

Nom.	οι αιχμές	οι βάρκες	οι γλώσσες	οι λέξεις
Gen.	των αιχμών	των βαρκών	των γλωσσών	των λέξεων
Acc.	τις αιχμές	τις βάρκες	τις γλώσσες	τις λέξεις
Voc.	αιχμές	βάρκες	γλώσσες	λέξεις

Singular

Nom.	**η μάχη**	**η όχθη**	**η προσωπικότητα**
Gen.	της μάχης	της όχθης	της προσωπικότητας
Acc.	τη μάχη	την όχθη	την προσωπικότητα
Voc.	μάχη	όχθη	προσωπικότητα

Plural

Nom.	οι μάχες	οι όχθες	οι προσωπικότητες
Gen.	των μαχών	των οχθών*	των προσωπικοτήτων
Acc.	τις μάχες	τις όχθες	τις προσωπικότητες
Voc.	μάχες	όχθες	προσωπικότητες

Ουδέτερα – Neuter

Singular

Nom.	**το έδαφος**	**το κλειδί**	**το κράνος**	**το ορυκτό**
Gen.	του εδάφους	του κλειδιού	του κράνους	του ορυκτού
Acc.	το έδαφος	το κλειδί	το κράνος	το ορυκτό
Voc.	έδαφος	κλειδί	κράνος	ορυκτό

Plural

Nom.	τα εδάφη	τα κλειδιά	τα κράνη	τα ορυκτά
Gen.	των εδαφών	των κλειδιών	των κρανών	των ορυκτών
Acc.	τα εδάφη	τα κλειδιά	τα κράνη	τα ορυκτά
Voc.	εδάφη	κλειδιά	κράνη	ορυκτά

* not common

Τώρα ας κλίνουμε μερικά από τα ρήματα του κειμένου στον ενεστώτα. – Now let's conjugate some of the verbs found in the text in the present tense.

<u>*Ενεστώτας*</u>
<u>*Simple present*</u>

εγώ	**αναλαμβάνω**	**διασχίζω**	**διεκδικώ**
εσύ	αναλαμβάνεις	διασχίζεις	διεκδικείς
αυτός	αναλαμβάνει	διασχίζει	διεκδικεί
εμείς	αναλαμβάνουμε	διασχίζουμε	διεκδικούμε
εσείς	αναλαμβάνετε	διασχίζετε	διεκδικείτε
αυτοί	αναλαμβάνουν(ε)	διασχίζουν(ε)	διεκδικούν(ε)

εγώ	**μπαίνω**	**παραμένω**	**σέρνω**
εσύ	μπαίνεις	παραμένεις	σέρνεις
αυτός	μπαίνει	παραμένει	σέρνει
εμείς	μπαίνουμε	παραμένουμε	σέρνουμε
εσείς	μπαίνετε	παραμένετε	σέρνετε
αυτοί	μπαίνουν(ε)	παραμένουν(ε)	σέρνουν(ε)

εγώ	**τοποθετώ**	**χρεώνω**
εσύ	τοποθετείς	χρεώνεις
αυτός	τοποθετεί	χρεώνει
εμείς	τοποθετούμε	χρεώνουμε
εσείς	τοποθετείτε	χρεώνετε
αυτοί	τοποθετούν(ε)	χρεώνουν(ε)

Verbs in the passive voice

εγώ	**αναφέρομαι**	**προέρχομαι**	**προσεύχομαι**
εσύ	αναφέρεσαι	προέρχεσαι	προσεύχεσαι
αυτός	αναφέρεται	προέρχεται	προσεύχεται
εμείς	αναφερόμαστε	προερχόμαστε	προσευχόμαστε
εσείς	αναφέρεστε / αναφερόσαστε*	προέρχεστε / προερχόσαστε*	προσεύχεστε / προσευχόσαστε*
αυτοί	αναφέρονται	προέρχονται	προσεύχονται

*colloquial

ΣΗΜΕΙΩΣΕΙΣ – NOTES

ΑΣΚΗΣΕΙΣ – EXERCISES

1. Σωστό ή λάθος; – True or false?

		<u>Σωστό</u>	<u>Λάθος</u>
a.	Ο Πλούτωνας είναι αδελφός του Δία.	☐	☐
b.	Ο Πλούτωνας δεν ζει στον Όλυμπο.	☐	☐
c.	Ο Πλούτωνας έχει ένα κράνος που τον κάνει αόρατο.	☐	☐
d.	Ο Πλούτωνας είναι παντρεμένος με την Αφροδίτη.	☐	☐
e.	Ο Πλούτωνας, μαζί με τον Δία και τον Ποσειδώνα, πολεμούν τους Τιτάνες.	☐	☐
f.	Οι νεκροί μπαίνουν στη βάρκα του Κέρβερου και πηγαίνουν στον Άδη.	☐	☐
g.	Ο Πλούτωνας είναι άγριος και αυστηρός αλλά δίκαιος.	☐	☐
h.	Ο Πλούτωνας έχει ένα άρμα που το έσερναν τέσσερα άσπρα άλογα.	☐	☐

2. Βάλε τα παρακάτω ουσιαστικά στον ενικό. – Put the following nouns in the singular.

a. οι αδελφές _____

b. οι αδελφοί _____

c. οι γονείς _____

d. οι θείοι _____

e. οι Κύκλωπες _____

f. τα όπλα _____

g. τα κράνη _____

h. οι ψυχές _____

i. τα βασίλεια _____

j. οι βάρκες _____

k. οι συγγενείς _____

l. οι όχθες _____

m. οι φύλακες _____

n. τα ορυκτά _____

o. τα χέρια _____

p. τα πρόβατα _____

q. τα άρματα _____

r. τα κλειδιά _____

3. Συμπλήρωσε τα κενά με τις λέξεις στο πλαίσιο. – Fill in the blanks with the words in the box.

> *σκύλος – λέξη – κράνος – εξουσία – μπαίνουν – αδελφές – τρομακτικός – τρίαινα*

a. Ο Πλούτωνας έχει τρεις μεγαλύτερες _____.

b. Οι Κύκλωπες δίνουν έναν κεραυνό στον Δία,
   μια _____ στον Ποσειδώνα και
   ένα _____ στον Πλούτωνα.

c. Μετά τη νίκη των θεών στην Τιτανομαχία, ο Πλούτωνας παίρνει την _____ του κάτω κόσμου.

d. Ο Πλούτωνας παίρνει το όνομά του από τη _____ «πλούτος».

e. Οι νεκροί _____ στη βάρκα του Χάροντα και πηγαίνουν στον Άδη.

f. Ο Κέρβερος είναι ένας τρικέφαλος _____.

g. Ο Πλούτωνας είναι _____ και άγριος.

5. Διάλεξε τη σωστή απάντηση. – Choose the right answer.

a. Ο Πλούτωνας είναι γιος …

   i. του Δία
   ii. του Κρόνου
   iii. του Ποσειδώνα
   iv. της Περσεφόνης

b. Για την Τιτανομαχία, οι Κύκλωπες δίνουν στον Πλούτωνα …

   i. έναν κεραυνό
   ii. μια τρίαινα
   iii. ένα άλογο
   iv. ένα κράνος

c. Ο Χάροντας, για κάθε νεκρό, χρεώνει …

   i. έναν οβολό
   ii. ένα ευρώ
   iii. ένα πρόβατο
   iv. ένα δολάριο

d. Ο Πλούτωνας είναι …

   i. πονηρός
   ii. συμπαθητικός
   iii. δίκαιος
   iv. άσχημος

ΛΥΣΕΙΣ ΤΩΝ ΑΣΚΗΣΕΩΝ – ANSWERS TO THE EXERCISES

1. a. Σωστό, b. Σωστό, c. Σωστό, d. Λάθος, e. Σωστό, f. Λάθος, g. Σωστό, h. Λάθος

2. a. η αδελφή
   b. ο αδελφός
   c. ο γονέας/ ο γονιός
   d. ο θείος
   e. ο Κύκλωπας
   f. το όπλο
   g. το κράνος
   h. η ψυχή
   i. το βασίλειο
   j. η βάρκα
   k. ο συγγενής
   l. η όχθη
   m. ο φύλακας
   n. το ορυκτό
   o. το χέρι
   p. το πρόβατο
   q. το άρμα
   r. το κλειδί

3. a. αδελφές, b. τρίαινα, κράνος, c. εξουσία, d. λέξη, e. μπαίνουν, f. σκύλος, g. τρομακτικός

4. a. ii. του Κρόνου
   b. iv. ένα κράνος
   c. i. έναν οβολό
   d. iii. δίκαιος

Printed by Amazon Italia Logistica S.r.l.
Torrazza Piemonte (TO), Italy

51883476R00174